“流动的中国”丛书

LIUDONG DE ZHONGGUO CONGSHU

总策划 宁孜勤 卢海鸣

一统路程图记

（明）黄汴 纂

杨正泰 点校

南京出版传媒集团

南京出版社

图书在版编目（CIP）数据

一统路程图记 / （明）黄汴纂；杨正泰点校. -- 南京：南京出版社, 2019.8

（流动的中国）

ISBN 978-7-5533-2600-9

Ⅰ. ①一… Ⅱ. ①黄… ②杨… Ⅲ. ①交通运输史—中国—明代 Ⅳ. ①F512.9

中国版本图书馆CIP数据核字（2019）第124719号

丛 书 名： 流动的中国
书　　名： 一统路程图记
作　　者：（明）黄汴
点　　校： 杨正泰
出版发行： 南京出版传媒集团
南 京 出 版 社

社址：南京市太平门街53号　　邮编：210016
网址：http://www.njcbs.cn　　电子信箱：njcbs1988@163.com
天猫1店：https://njcbcmjtts.tmall.com/　　天猫2店：https://nanjingchubanshets.tmall.com/
联系电话：025-83283893、83283864（营销）　025-83112257（编务）

出 版 人： 项晓宁
出 品 人： 卢海鸣
责任编辑： 刘　娟
装帧设计： 王　俊
责任印制： 杨福彬

制　　版： 南京新华丰制版有限公司
印　　刷： 南京工大印务有限公司
开　　本： 890毫米×1240毫米　1/32
印　　张： 5
字　　数： 137千
版　　次： 2019年8月第1版
印　　次： 2019年8月第1次印刷
书　　号： ISBN 978-7-5533-2600-9
定　　价： 36.00元

天猫1店　天猫2店

总　序

人流、商品流、资金流、信息流，是现代社会经济活动的主形式、主渠道、主脉搏和主动力。而在明清时期，借助于各地陆路交通、自然河流和人工运河的便利，邮驿、漕运、盐运、各种贸易物资的运输，以及不同人群的往来，对封建王朝的政治统治、国防军事、经济命脉、社会稳定等，起到了十分重要的作用。“驿通四方”“邮传万里”，偌大的中国，仿佛在普遍的“流动”中维系着社会经济的稳定与前行。

回顾历史，在自给自足为主的农业社会里，大多数百姓并不能随意流动，商人往往成为商业流动和社会流动中最活跃的因子。为了便于外出经商活动，明清时期一些走南闯北的商人在注意收集各地程图路引的同时，还通过各种渠道广泛了解当地的风土人情，这些内容构成了日后他们所编纂的商书的主体。从存世的明清商书中，我们能够窥见“流动的中国”的社会经济生态，获取破解封建社会经济发展的密钥。

“流动的中国”丛书，选取明清时期四种经典的商书，包括明代佚名编《寰宇通衢》、黄汴纂《一统路程图记》、程春宇辑《士商类要》以及清代吴中孚纂辑《商贾便览》。其中，《寰宇通衢》是记述明初驿站驿路的专书，《一统路程图记》是我国现存最早的商旅交通指南,《士商类要》是明代商书的代表作,《商贾便览》是清代商书的代表作,都具有很高的史料价值。为了更好地发挥丛书的作用,我们邀请致力于明清商书研究三十余年的杨正泰教授,通过整理点校的方式,将原先难得一见、不易阅读的古籍文献,打造成适于广大具有中等以上文化程度读者阅读的普及性读物。

为了尽量保持原书的面貌,除了必要的校注外,我们确定了如下整理原则:书中的通假字、异体字径改;可以确定的错漏字直接补上,无法臆补的用方框表示。为节省篇幅起见,丛书校注中的常用书名皆改用简称,如《明实录·太祖实录》作《太祖实录》,《明实录·太宗实录》作《太宗实录》,其他类推;《寰宇通志》作《寰宇志》;《读史方舆纪要》作《纪要》;《嘉庆重修一统志》作《清统志》;《古今图书集成》作《图书集成》;《一统路程图记》作《路程图记》;《天下路程图引》作《路程图引》;新安原版《士商类要》作《士商类要》;《新刻水陆路程便览》作《路程便览》,等等。

总之,我们希望这套丛书的出版,能为读者了解明清时期的山川地理、商业发展、社会经济、民间生活,描绘"流动的中国"意象提供帮助,同时也为专业人员研究明清交通史、商业史提供便利。

导读

《一统路程图记》又名《新刻水陆路程便览》《图注水陆路程途》，八卷，卷首附图三幅。明隆庆四年（1570）休宁约山（今安徽省黄山市屯溪区新潭镇下约山）黄汴撰。

休宁地处群山之中，地狭人稠，业多为商。黄汴年方弱冠，便随父兄外出经商，“自洪都（今江西省南昌市）至长沙，览洞庭之胜，泛大江，溯淮、扬，薄戾燕都（今北京）”，到过许多地方。后侨居苏州、绍兴等江浙一带，与二京十三省暨边境商贾贸易。经商生涯使他亲身体会到出外经商时“归心迫切”、“前途渺茫”的痛苦，他便在经商之余，留心收集各种程图路引，又利用经商之便，向客商了解各地水陆里程和风土人情，并考其异同，加以校勘，积二十七年之久，撰成此书。

《一统路程图记》辑录路引一四四条，记述水马驿站、行程里距、各地道路起讫分合甚详。山川险夷、物产出处、行程风险、水旱码头、牙侩好坏、门摊课税、名胜古迹，乃至轿夫船户是否可靠，沿途食宿是否整洁等商旅须知，皆有所记。明代地志种类很多，数量也很丰富，但由商人编纂的路程图记却为数不多。迄今所知，这类图记只有《一统路程图记》《商程一览》《水陆路程》《士商类要》《天下路程图引》《客商一览醒迷·天下路程图引·天下水陆路程》等数种。它们大部分散失国外，日本内阁文库和尊经阁文库收集较多，而国内已濒于失传。《一统路程图记》汇集路引较为齐全，记述站程较为详细，佳于同类图记，是现存成书年代最早的一种。该书撰于徽商之手，史料价值很高，颇受中外学者重视。综观全书，虽然有些路引的个别地方与其他史籍记载不同，与考证结果也不吻合，有待进一步研究，但所记大多数驿站和驿路都很准确，可与拙著《明代驿站考》中的《明代驿路图》一一印证。

《一统路程图记》是参照各种程图路引编纂而成的，许多地方保存着原有程图路引的风貌。例如，原书前四卷细目皆置于卷首，顺序号首尾衔接，自成系统，显然出于同一来源。后四卷细目散见于各卷之中，顺序号以卷为断，各卷不相连贯，内容有相对独立性，与前四卷风格不同。路引用大字书写地名（也有夹用小字者），小字书写里程，但字体又有差别，有的用大字突出府州县，有的用大字突出驿站和小地名，这些都是原始路引留下的痕迹。程图路引的来源较为复杂，少数辑于宋元行纪，多数采于明代程图，有的系作者编撰。黄汴在考订地名时，较为粗疏，一些裁革的州县和废弃的驿站，仍保留于路引之中，有些改道的驿路，或由舟行改为旱站的行程，也照旧抄录，未加改正。《四库全书总目·图注水陆路程途提要》云："书成于隆庆四年，而犹载广东至安南驿路，盖未弃交阯以前所设旧站，亦乐史《太平寰宇记》载燕云十六州之例也。"此乃又一见解，录此供读者参详。

《一统路程图记》是一部记述路引和程图为主的专书，其主要内容和史料价值体现在三方面：

1. 路程图（又称程图）：刻于《一统路程图记》卷首的《北

京至十三省各边路图》和《南京至十三省各边路图》是两幅珍贵的明代程图。这两副地图大小相等，内框长 25.8 厘米，宽 18.5 厘米，绘有二京十三省等重要地名及主要交通路线。二京十三省地名外加方框，区别于一般府州县。地名之间用虚线连接，代表交通干线，表示这些交通路线的分布范围和覆盖地区。《北京至十三省各边路图》标绘地名 76 处，绘制以北京为中心，通往全国各地的驿路图。《南京至十三省各边路图》标绘地名 74 处，绘制以南京为起点，通往全国各地的驿路图。

这两幅地图均未注明标准年代。编绘者称："北京至富峪（今河北平泉县北）、会川（今平泉县西）、大宁（今内蒙古正兰旗东北闪电河）三卫"、"北京至开平卫（今内蒙古宁城西）"为"旧址路"，显然是指宣德时废弃的明初驿路，黄汴未将其绘入图中，说明这两幅地图绘制的交通路线，应该是明成化年间或更迟一些的交通路线。这两幅地图中，标有宁羌州（今陕西宁强县）和兰州二地，宁羌州置于明成化二十一年（1485），兰州置于明成化十二年（1476），据此推断，这两幅程图绘制的时间当在明嘉靖、隆庆年间，而不会更早。

这两幅地图均为示意图。单就程图本身而论，并无特别之处。如参证路引，进行比较研究，便会发现作者独到的构思以及程图的作用。程图和路引的关系，犹如总纲和细目的关系。程图所示，皆交通干线，表示大范围的地理位置和行程方向。路引详载站名、里距、道路的起讫分合，附录山川险夷、著名出产、治安好坏、牙行优劣等内容。士商行旅根据程图所示方向，检索路引目录，查找相关地名，便知行程里距和沿途情况。路引记载站程的里距，从五里到一百八十里不等，大多数在六七里至八十里之间。一般来说，土著居民对方圆百里之内的地名和道路比较熟悉，士商行旅只需使用程图和路引，再辅以询问，便能顺利地到达目的地。程图和路引在指导旅行经商方面的功用，完全可与现代大比例尺的地图相媲美。其设想之周到，构思之巧妙，可谓匠心独运。

流传至今的明代地图很多，有世界全图、疆域政区图、军事防务图、河工图、漕运图、航海图、城镇图等等，但类似于《一统路程图记》卷首的程图却绝无仅有。这类程图出现很早，决非仅此一种，但这两幅程图却是绘制年代较早而至今犹存的程图。作为程图的实物资料，其文物价值是很高的。

2. 河套图:《河套图》是一幅大有来历和很有水平的地图。该图内框长 25.8 厘米，宽 18.5 厘米。以黄河、长江二流域为主区，东起开元、辽阳，西至黄河源星宿海，北逾河套，南及岭南。绘有名山大川、二京十三布政司及重要地名三十余处。图内，黄河、长江及主要支流用双线表示；湖泊用封闭曲线，内加水纹表示；主要山脉用正面投影形象图例表示；海域用波纹表示；二京用方框表示；其他地名用文字表示。图幅左上方注云："是图出东坡地理指掌，吉安罗君得元人朱思本画方之法，梓成巨本不多，有人所罕见者。今据其图并录其说，使人得而见之。"

注文所云"吉安罗君"，指明代著名地图学家罗洪先。罗洪先(1504—1564)，字达夫，号金庵，江西吉安府吉水县人。他以元人朱思本的《舆地图》为基础，又搜集资料，增加内容，将《舆地图》改绘成著名的《广舆图》。《广舆图》的主要贡献是：一、将朱思本"长广七尺"的大图，按照分幅的办法，改制成地图集；二、除改绘朱思本《舆地图》外，又增加数十幅朱思本原图没有的图幅；三、最早在地图上使用图例符号。经过罗洪先的努力和改造，朱思本的绘图技术发展到一个新的水平，使《广舆图》成为明代地图学上继往开来的代表作，影响我国地图学数百年之久。黄汴云："吉安罗君得元人朱思本画方之法，梓成巨本不多，有人所罕见者。"所指即此。

《河套图》是根据罗洪先的编绘原则，利用《广舆图》的先进成果而绘成的简图。它的图面内容、文字注记和绘制手法，与《广舆图》卷一《舆地总图》、《山东舆图》、卷二《河套图》有很深的渊源关系。

罗洪先编绘《舆地总图》（上海图书馆藏《广舆图》，明万历七年刻本）的原则是："每方百里，只载府，不书州县。山止五岳，余别以水，不复概书。"该图内框长27.5厘米，宽39厘米，图幅不大。在应用现代印制技术前，能够容纳的行政区划和地理要素不多，一切必须择要入图，否则图幅难以安排，所以在行政区划方面，"只载府，不书州县"。绘出的名山，只有泰山、华山、嵩山、恒山、衡山，水系只有黄河和大江，大湖只有太湖、鄱阳、洞庭、马湖以及西北的兀达脑儿，另有四处湖泊未注名称，其余内容一概省略。黄汴编绘《河套图》时，由于图幅不及《舆地总图》一半，遴选入图的内容更为有限，所以《河套图》只标二京十三布政司，而不书府州；入图的名山，除增加与江源有关的岷山外，只收五岳；水系也只绘黄河和大江；绘出的大湖，省去西北边陲的湖泊，其余和《舆地总图》一样。此外，海岸线轮廓、水道走势十分相像；黄河、长江无论是源头和河道流向，还是支流和入海口的绘法，都与《舆地总图》一般无二。可见黄汴采纳了罗洪先精选内容和择要入图的编绘原则。

《河套图》全文引用《广舆图》卷二《黄河图》的旁注(全文略,详见《一统路程图记》),通篇总共318字。注文虽未明言引自何处,但对照《广舆图》,除“过外境”的“外”被改为“虏”字外,其余317字一字不差。这一不同,究竟是黄汴所改,还是刊刻错误,不得而知,但从《一统路程图记》其他的行文分析,黄汴曾数次用“虏”字,故笔者以为前者可能性较大。以上种种情况表明,黄汴所云“据其图并录其说”,诚非虚妄也。

《河套图》并不是简单仿照《广舆图》的复制品,而是充分吸收和利用《广舆图》多幅地图研究成果,重新创作的作品,值得注意的有以下三点:

①参考《广舆图》最新版本对黄河源的画法,较早在地图上普及元代考察河源的成就和明代绘图学的成就。

黄河源地处高寒地区,人迹罕至,河源究竟在何处,长期以来,未有定论。元至元十七年(1280)都实考察黄河源,是我国历史上封建国家第一次有组织地对黄河源进行的专门考察,具有十分重要的意义。后来,元翰林学士潘昂霄根据都实之弟阔阔出的记述,写成考察河源的专著《河源志》,此外,临川朱思本从八里思家得到帝师所藏的梵字图书,其中也有一份考察河源的记录,与“昂霄所志,互有详略”。这两个材料都是我国历史上最早记述考察黄河流的专门著作,原著久已不存,惟《元史·地理志》在《河源附录》一文中有所辑录,陶宗仪在《南村辍耕录》卷二十二保存有《河源图》。《河源志》根据野外考察获得的资料,记述了黄河上游的主要支流和水文特征,以事实否定了汉代以来盛行的“重源伏流”说,在指出星宿海是河源的同时,还注意到“东北流百余里”的火墩脑儿,这一发现不仅比唐代大有进步,与现代调查结果也吻合，充分反映了元代考察河源所取得的巨大成功。元代考察河源的报告，当时没有公布，鲜有人知。《元史》修于明初，洪武刻本是祖本，藏于内府，束之高阁。嘉靖初，编刊二十一史，方在社会上流传。朱思本所绘《舆地图》原本面积太大，不便翻刻，故流传不多。摹绘本及刻石久已不存，根据朱思本改绘的《广舆图》，第一次刊印是嘉靖三十四年(1555)，第二次刊印在嘉靖三十七年(1558)，第三次刊印在嘉靖四十年(1561)，其间还有手抄本和其他刻本。值得注意的是，《广舆图》是在嘉靖四十年(1561)，刻本中始将黄河源改成葫芦形的，《河套图》的黄河源也呈葫芦形，其刊印时间是隆庆四年(1570)，两者相差不过10年时间。这在信息传播管道不畅，传播速度有限的古代，如此迅速地转载元代考察河源的发现，并出版有关地图，对大多数民众来说，不能不算是很新的信息和研究成果。商书编绘和出版这类地图，比《广舆图》本身影响的面更大，因此在传播元代考察河源方面的贡献，比《广舆图》大得多，《河套图》在这方面的贡献是应予充分肯定的。

②标绘漕运备道——胶莱新河，表明作者对国计民生的关注。

元代以大都为京城，远离经济发达的南方，大部分漕粮和军饷皆需南方供给。为解决漕运问题，元政府开凿了北起大都，南至杭州的大运河。由于黄河含沙量太大，受其干扰，运河也经常淤浅，再加上工程技术方面的原因，这条大运河很快便失去漕运的功能，漕粮仍由海道运往京师。明代建都北京，南粮北运的格局未有改观，永乐间浚疏大运河成，改海运为河运，但黄河仍经常影响运河，使漕运发生困难，故有明一代虽以河运为主，但海运始终不弃。海运路途远，风浪大，粮船经常沉没，粮食不能准时按量运到大都，运粮军民也视海运为畏途，经常逃亡。海运绕道最远和风险最大的地区，便是粮船经过的山东半岛。为减少粮船沉溺事故，寻找运河备道，元明政府数次议开胶莱河。元代胶莱河地区，旧有二水，源出高密县，分南北流，南流者从胶州麻湾口入海，名胶河；北流者从掖县海仓口入海，名莱河。二河中间，相距三百余里，本不通航。元至元十七年(1280)，莱人姚演献计开新河，凿地三百余里，沟通莱河和胶河，谓之胶莱新河。胶莱新河开通后，江南海运自太仓出口，抵达胶州，经胶莱新河，出海仓口，浮海抵直沽，“可避东北海险数千里，较漕河为近”。但胶莱新河地质情况复杂，施工难度较大，耗费银两惊人，开与不开，争论非常激烈。明嘉靖中，曾因元人故道，“凿马壕以趋麻湾，新河出海仓”，“由是江淮之舟达于胶莱”。当时，朝野上下十分关注胶莱新河，这个问题可说是社会议论的热点。《河套图》未画京杭大运河，但却画上胶莱新河，表现出黄汴对胶莱新河的重视，以及他对社会热点问题敏锐的洞察力。《广舆图》卷一《舆地总图》绘有胶河和莱河，但无注记。《山东舆图》绘有胶水，文字注记曾提及胶莱河，但地图上未标明名称。《河套图》不仅明确绘出胶莱河，还标注了名称，这是黄汴《河套图》超过《广舆图》的地方之一。

③《河套图》标注的海陆岸线、河道走向和地名位置，更接近现代测绘地图，较其他商书地图准确。《河套图》未用计里画方法绘图，但其所绘的海陆岸线、河道走向和地名位置的准确性，都比同时期商书地图高出一筹。例如天启六年(1626)出版的《士商类要》卷首《舆地总图》(以下简称《舆

地总图》)就不如《河套图》。在海陆岸线方面,《舆地总图》未标出向东突出的山东半岛;而《河套图》绘出了明显的半岛地形。在黄河流向方面,特别是源头和上游的走势,《舆地总图》与今实测地图相比,准确性较差,而《河套图》则与现代实测地图相近。在标注地名方面,《舆地总图》的取点定位存在不少明显错误,如将嘉峪关标注在河套内,贺兰山标注在河套东,而《河套图》标注的嘉峪关在河套以北,贺兰山在河套以西,与今实测地图一致,其他地名如甘州、肃州、贵德等地的方位也较为准确。《舆地总图》水道表示方法不一致,黄河在双线内加波形水纹,大江及其他水道在双线内则未加波形水纹,而《河套图》则绘法统一,不存在这类问题。《一统路程图记》成书早于《士商类要》,但其编绘或参照的地图却比《舆地总图》科学。作为一名商人,在搜集和编纂商书时,能够及时掌握和正确运用地图学的最新成果和制作方法,编绘出高品质的示意图,这在当时是非常难能可贵的。

3. 路引

路引类似于道路指南,是古代士商旅行的文字说明书。基本内容是记载行程的站名、所属州县、站距里程、分路去向。站名下偶有夹注,路引后或有附注。夹注和附注的内容,因地而异,语言文字简洁扼要。站名和主要地名用大字表示,其余内容用小字刊刻,成双行排列。路引长短不一,视路程远近而不同,短的寥寥数语,长的多达四五千字。

商人外出经商,必须熟悉道路,了解各地的商情和民情,否则困难重重,寸步难行。古代没有大比例尺的旅行图和交通指南,因而具有丰富信息的路引便成为商贾争相搜集的重要资料和大多数商书的重要组成部分。

明代国内道路有水陆二途、主干线、干线、支线、间道、便道、小路之分。商书辑录的路引，主要是主干线和干线、支线、间道、便道、小路不胜枚举，多略而未收。

道路的主干线是驿路。驿有馆舍、驿官，设有驿卒、马驴、站夫、红船、快船、铺程及一应用具，组成一个庞大的道路网络，并通过这个网络传达政令、报告军情、递送使客和转运物资。驿路经过修缮，较为近捷。

二京至十三布政司、各布政司至所属府，都通驿路。《一统路程图记》载有二京之间、二京至十三布政司、各布政司至所属府的驿路路引。

干线是仅次于驿路的重要道路。它是连接府州和重要卫所之间、军事要地之间、主要商埠之间、市场和产地之间、水陆码头和车船换乘地点之间的要道。《一统路程图记》也辑录一百余条，主干线加上干线基本反映了明代主要水陆道路的分布状况。有的商书辑录驿路路引，也收支路路引，《一统路程图记》前三卷为驿路路引，后五卷为支路路引；有的商书不收驿路路引，专收干线和支路路引，如《士商类要》辑录的一百条路引即是。就反映明朝中后期交通道路的总体布局而言，前一种商书面向全国，主次清楚，明显优于后者，《四库全书总目·史部·地理类》在众多存目中选收《图注水陆路程途》、《四库全书存目丛书》选收《一统路程图记》而未收其他商书，这可能是重要原因。

路引的旁注和夹注是路引重要的组成部分，它记载的土特出产、山川险夷、历史古迹、民族风情、物价贵贱、治安情况等，内容十分丰富，几乎涉及到士商行旅关心的方方面面。

旁注和夹注重视记录各地风景名胜，对泰山、嵩山、衡山、华山、普陀山、峨眉山、牛首山、五台山、雁荡山、三峡、浙江潮等皆有所记，称这些路引为我国最早的旅游交通指南也不为过。

有鉴于此，吴岫在《后序》中评价《一统路程图记》说："是书也，士大夫得之，可为四牡览劳之资；商贾得之，可知风俗利害。入境知禁，涉方审直，万里在一目中，大为天下利益，实世有用之书，与古輶轺使者方言等。"

中日学术交流的倡导者之一、日本著名明史专家山根幸夫教授在《东洋学报》第七十五卷第一、二号(1993年10月)上发表论文，专门介绍和评价我校注的《客商一览醒迷·天下路程图引·天下水陆路程》(山西人民出版社一九九二年九月出版)，并立即为我寄来了这本杂志。他在这篇论文中，高度评价了笔者的学术贡献，也提出了许多宝贵的意见，使我获益非浅。他认为，《一统路程图记》和《天下水陆路程》本为一书，《一统路程图记》是原刻本，而《天下水陆路程》是翻刻本。他还指出，日本内阁文库的《一统路程图记》，卷首有黄汴序、《北京至十三省各边路图》、《南京至十三省各边路图》，卷末有吴岫后序。他在这篇论文中，特意摘引了黄汴序和吴岫后序的全文，并希望出版《天下水陆路程》时，能收进上述二篇序文。山根先生严谨的学风和热忱的态度，令人感佩不已。

需要说明的是，1994年出版的《明代驿站考》及附录整理在前而出版在后，而山西人民出版社出版的《客商一览醒迷·天下路程图引·天下水陆路程》却整理在后而出版在前。关于《一统路程图记》各种版本的情况，我在初版《前言》中已有说明。遗憾的是《明代驿站考》及其附录出书太晚，山根先生无从得知我已作过的研究。本以为《天下水陆路程》是《一统路程图记》的翻刻本，且应出版在后，没有必要再去重复已经做过的研究，而未曾想到它会引起国外学者如此的关注。无论如何，山根先生的研究和建议对我仍有很大的帮助。复旦大学图书馆藏吴岫校钞本卷首与日本内阁文库藏本一样，惟卷末没有吴岫后序。今天，我能用山根先生提供的资料，补上吴岫后序，实在非常高兴。各位读者能够读到佚失已久的吴岫后序，也会感谢山根先生的。

《一统路程图记》的钞本和刻本，国内仅存三种①，吴岫校钞本藏复旦大学图书馆，胡文焕校刻本藏上海图书馆；《新刻水陆路程便览》（残本）胡文焕校刻本藏北京图书馆。现在出版的点校本，是用吴岫校钞本为底本，胡文焕校刻本为参校本整理而成的。

关于本书的整理工作，说明如下：

一、前四卷目录原列于卷首，后四卷目录原散见于各卷，今统一排列于全书之前；

二、原书卷首目录与卷内目录不一致者，参互订正后，已改同一律；

三、各卷细目顺序号杂乱不一，因涉及内容，不便改动，仍然照旧；

四、卷四原细目前的说明文字，易与前卷细目的内容混

①1993年开始编纂、1997年由齐鲁书社出版的《四库全书存目丛书·史部·地理类》（第166册）收有黄汴撰《一统路程图记》，系北京图书馆藏明刻本的影印本。笔者点校时，尚无缘见到此影印本，故云："《一统路程图记》的钞本和刻本，国内仅存三种。"

淆，今一律改排于有关细目之后；

五、原书有大小两种字体，除钞手妄改之处已作改正外，一律照旧；

六、原书夹注小字作双行排列，今一律改为单行；

七、本书行程里距未作校勘，其他内容皆按校勘通例处理。

八、原书为繁体字竖排本，这次出版已改为简体字横排本。

这次出版还订正了前几版因校对粗疏而出现的错误，欠妥之处亦有所改正。不当之处敬请读者赐正。

杨正泰

2019年5月写于上海兴国路寓所

一统路程图记序

余家徽郡万山之中，不通行旅，不谙图籍，土狭人稠，业多为商。汴弱冠，随父兄自洪都至长沙，览洞庭之胜，泛大江，溯淮、扬，薄戾燕都。是年，河冰彻底，乃就陆行，自兖至徐，归心迫切，前路渺茫，苦于询问，乃惕然兴感，恐天下之人如余之厄于岐路者多也。后侨居吴会，与二京十三省暨边方商贾贸易，得程图数家，于是穷其闻见，考其异同，反复校勘，积二十七年始成帙，分为八卷，卷有所属，俾一展册，而道路之远近，山川之险夷，及风波盗贼之有无，靡不洞其纤悉，九州地域在指掌间矣。呜呼，宦轺之所巡，商泊之所趋，访屐之所涉，庶此编为之旌导也。

隆庆四年庚午岁仲夏新安黄汴序。

后　序

岫自幼有四方之志，后以无尺寸进取，乃遍索天下舆地志，储而藏之，以为闲居检阅。徽友黄子京氏，足迹半天下，见前途问津者，漫皆迷茫，险夷利害，每犯所讳，故就岫反诸志，创设规模。又以其坐廛在我苏金阊阛阓之地，日与四方商贾交易，就而问询，并已所尝历而识者，辩证之以成此书，积苦数十年而后成，可谓勤矣。

是书也，士大夫得之，可为四牡览劳之资；商贾得之，可知风俗利害。入境知禁，涉方审直，万里在一目中，大为天下利益，实世有用之书，与古輶轺使者方言等。岫因其请，就尘外轩一校，正之乃入梓。子京氏亦世奇男子，与天下共利，有兼包物我之志，可谓仁、可谓贤矣。

隆庆四年庚午岁仲夏姑苏南壕吴岫识

凡　例

一卷　二卷　二京至十三省

三卷　两京各省至所属府

四卷　各边路

五卷　六卷　江北水、陆路

七卷　八卷　江南水、陆路

南北诸名山，附各卷道旁，使登眺者知所向往焉。

目　录

卷一　北京至十三省水、陆路

卷二　南京至十三省水、陆路

① 原文目录标题与正文标题有出入，今据原文照录。

卷三　两京、各省至所属府水、陆路

卷四　各边路

卷五　江北水路

卷六　江北陆路

卷七　江南水路

卷八　江南陆路

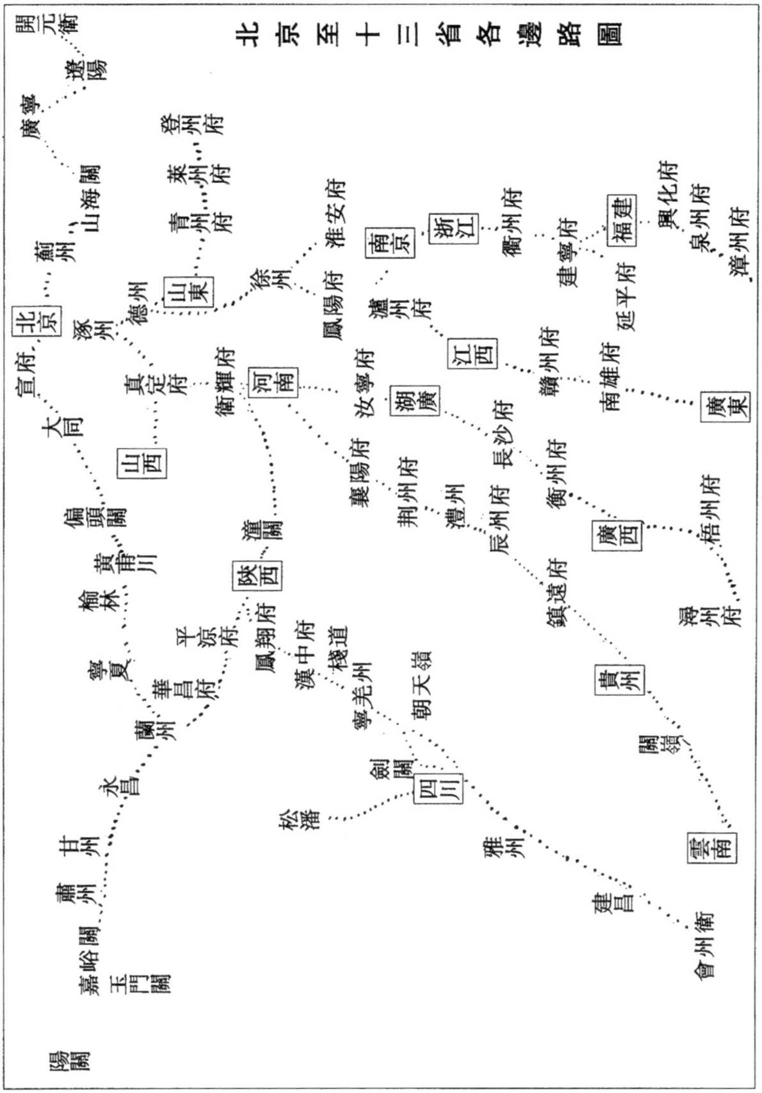
北京至十三省各邊路圖
開元衛
遼陽
廣寧
山海關
薊州
北京
宣府
大同
偏頭關
黄甫川
榆林
寧夏
蘭州
永昌
甘州
肅州
嘉峪關
玉門關
陽關
登州府
萊州府
青州府
山東
德州
涿州
真定府
山西
衛輝府
河南
潼關
陝西
平涼府
鳳翔府
漢中府
棧道
寧羌州
朝天嶺
劍關
四川
松潘
雅州
建昌
會州衛
徐州
淮安府
鳳陽府
南京
廬州府
浙江
衢州府
建寧府
福建
興化府
泉州府
漳州府
延平府
江西
贛州府
南雄府
廣東
汝寧府
湖廣
長沙府
衡州府
襄陽府
荊州府
澧州
辰州府
廣西
梧州府
潯州府
鎮遠府
貴州
關嶺
雲南

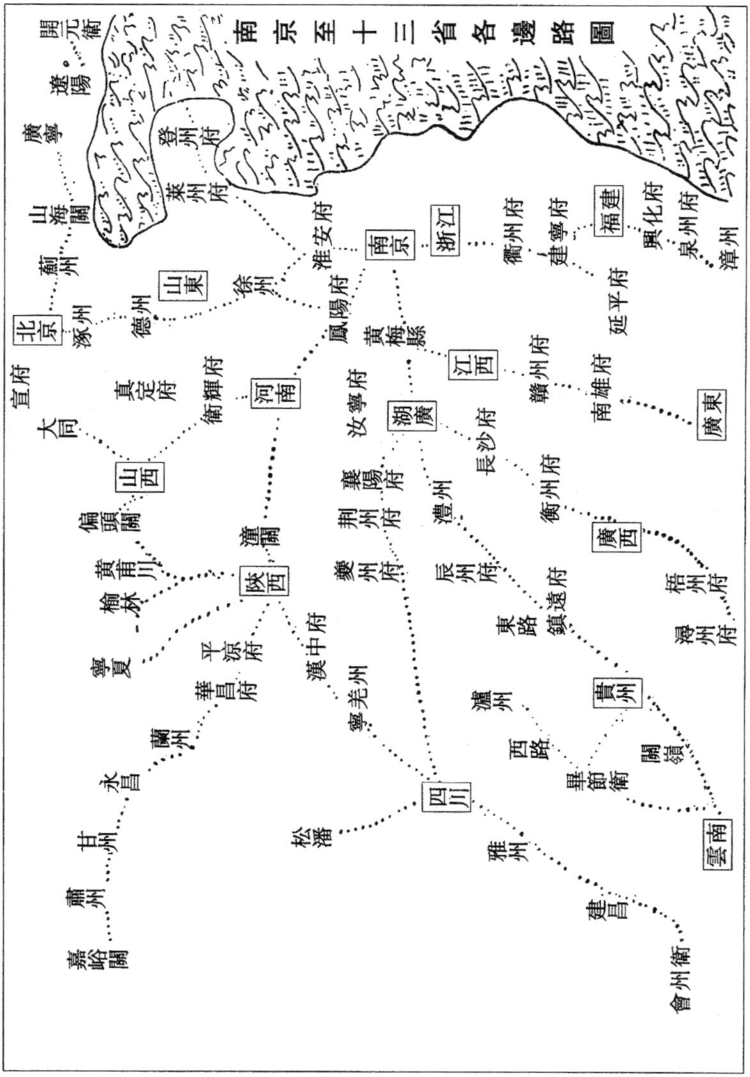
南京至十三省各邊路圖
開元衛
遼陽
廣寧
山海關
薊州
北京
涿州
德州
山東
徐州
登州府
萊州府
淮安府
南京
浙江
衢州府
建寧府
福建
延平府
興化府
泉州府
漳州
鳳陽府
黃梅縣
江西
贛州府
南雄府
廣東
宣府
大同
真定府
衛輝府
河南
汝寧府
湖廣
長沙府
衡州府
山西
偏頭關
黃甫川
榆林
寧夏
潼關
陝西
平涼府
蘭州
永昌
甘州
肅州
嘉峪關
漢中府
寧羌州
襄陽府
荊州府
夔州府
澧州
辰州府
鎮遠府
廣西
梧州府
潯州府
東路
瀘州
西路
畢節衛
貴州
關嶺
雲南
四川
松潘
雅州
建昌
會州衛

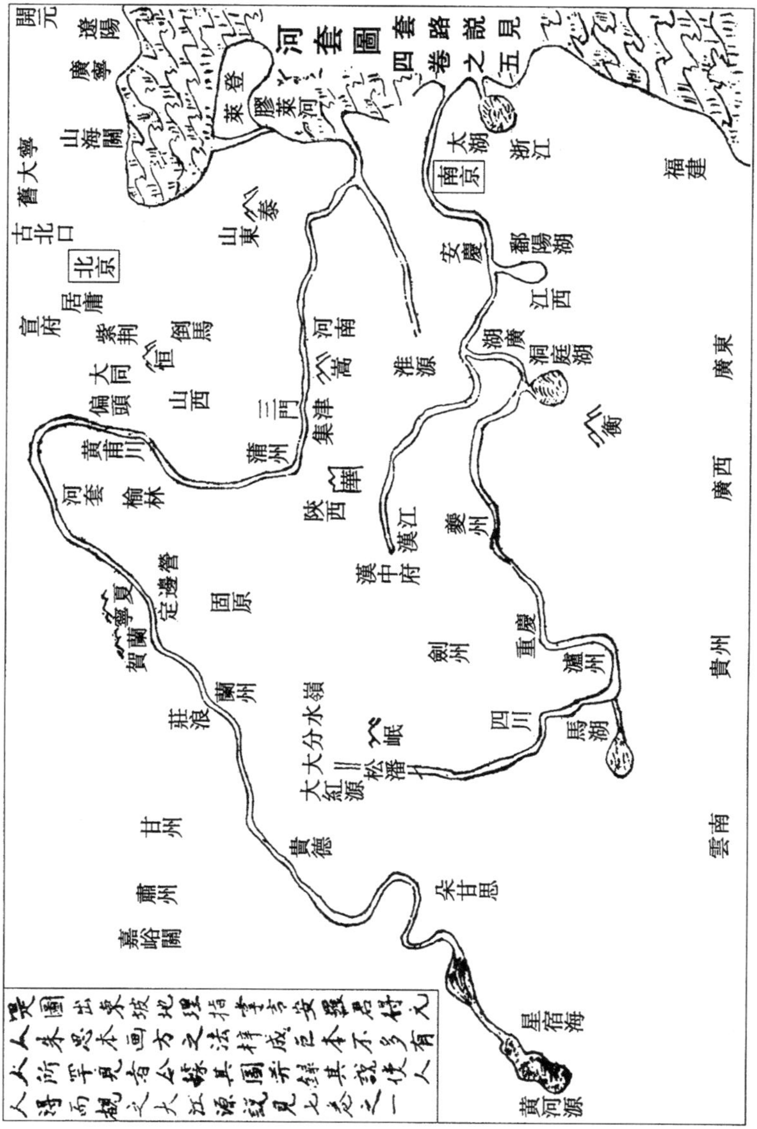
開元
遼陽
廣寧
山海關
舊大寧
古北口
北京
居庸
宣府
紫荊
倒馬
大同
偏頭
山西
黃甫川
河套
榆林
寧夏
賀蘭
定邊營
固原
蘭州
莊浪
甘州
肅州
嘉峪關
貴德
朵甘思
星宿海
黃河源
登
萊
膠萊河
山東
河南
淮源
三門
集津
蒲州
陝西
漢中府
漢江
劍州
松潘
大分水嶺
四川
重慶
瀘州
夔州
湖廣
洞庭湖
安慶
鄱陽湖
江西
南京
太湖
浙江
福建
廣東
廣西
貴州
雲南

汉使张骞持节西域，访河源，以为二水发葱岭，趋于阗，汇盐泽，伏流千里，至积石而再出。唐薛元鼎使吐蕃，访河源，得之闷磨山。世之论河源者，率皆本此，莫知其非也。至元，始命都实为招讨使，佩金虎符往求之，四越月而得其说，如图所载。还，具以闻。其弟阔阔出授其说，翰林学士潘昂宵撰为记，而临川朱思本于八里吉思家得帝师所藏梵字图书，译之，与潘互有小异，俱载《元史》。

黄河本东北流，历西番，至兰州，凡四千五百余里始入中国，又东北流，过虏境，凡二千五百余里始转河东，又南流至蒲州，凡一千八百余里，通计屈曲九千余里。而张骞所访，乃在其西万里外，盖为吐蕃遮隔，不可假道故也。世之受蔽于外，舍近求远者，何以异此。朱思本姓名因《河源记》始传，其为图与所记山水道里不少差舛，特存之，以代辖轩之对。或言天下之山，皆原于昆仑，今观之图，岂足与辩，未能实诣而狥传闻，不独于山然也。

卷一　北京至十三省水、陆路

一　北京至南京、浙江、福建驿路

北京会同馆。七十里至固节驿[①]。良乡县。六十里涿州涿鹿驿。六十里汾水驿。新城县。六十里归义驿。雄县。七十里鄚城驿[②]。任丘县[③]。八十里河间府瀛海驿。六十五里乐城驿。献县。八十里阜城驿。阜城县。五十五里景州东光驿。六十里德州安德马驿。渡卫河。七十里太平驿。属德州。八十里高唐州鱼丘驿。七十里茌山驿[④]。属茌平县[⑤]。西七十里至东昌府。南六十里铜城驿。六十里旧县驿。并属东阿县。六十里东平州东源驿。六十里新桥驿。汶上县。一百里兖州府滋阳县昌平驿。六十里邾城驿。五十里界河驿。并属邹县[⑥]。四十五里滕阳驿。七十里临城驿。并属滕县。七十里利国驿。属徐州。一百里徐州黄河东岸驿。五十五里桃山驿。五十里夹沟驿。并属徐州。六十里宿州睢阳驿。西去汴城。南四十五里大店驿。宿州。四十五里固镇驿。灵壁县。五十五里王庄驿。属凤阳县。六十里凤阳

① “驿”，底本作“驲”，按本书“驲”、“驿”二字通用，各卷写法不同，《明会典》《明实录》皆作“驿”，《寰宇志》《纪要》亦作“驿”，今一律改用“驿”字。下同。

② “鄚”，底本作“郑”，据《明会典》卷一四五、《纪要》卷一三改。

③ “任”，底本作“仁”，据《明会典》卷一四五、《纪要》卷一三改。

④ “茌”，底本作“庄”，据《明会典》卷一四五、《纪要》卷三四改。下同。

⑤ “茌”，底本作“庄”，据《明会典》卷一四五、《纪要》卷三四改。下同。

⑥ “邹”，底本作“郑”，据《明会典》卷一四五、《寰宇志》卷二三改。

府凤阳县濠梁驿。六十里红心驿。临淮县。六十里池河驿。定远县。四十五里大柳驿[①]。滁州。六十里滁州滁阳驿。六十里东葛城驿。三十五里江淮驿。并属江浦县。渡大江。十五里江东驿。属应天府。三十五里龙江驿。十里

南京应天府上元县、江宁县。下水，九十里龙潭驿。一百十里镇江府丹徒县京口驿。九十里云阳驿。丹阳县。五十里吕城驿。今革。六十里常州府武进县毗陵驿。九十里锡山驿。无锡县。九十里苏州府长洲县、吴县姑苏驿。四十五里松陵驿。吴江县。今革。四十里平望驿。属吴江县。西去湖州。南六十里嘉兴府嘉兴县、秀水县西水驿。东百廿里至松江府。南八十里皂林驿。今迁崇德县。一百里北新关。十五里至

浙江布政司杭州府仁和县、钱塘县北关门武林驿。三十里江口浙江水驿。一百三十里会江驿。富阳县。百廿里桐江驿。桐庐县。过钓台，一百里严州府建德县富春驿。西去徽州府。西南一百里瀫水驿[②]。兰溪县。东五十里至金华府。西南九十里亭步驿。龙游县。七十里衢州府西安县上杭埠驿[③]。南去浦城县[④]。西八十里广济驿。常山县。路。三十五里草平驿[⑤]。江、浙界。今革。三十五里怀玉驿。玉山县。九十里广信府上饶县葛阳马驿。八十里鹅湖驿。六十里车盘驿。并属铅山县[⑥]。四十里至大安驿。三十里崇安县长平水驿。下水，三十里武夷山。四十里兴田驿。并属崇安。五十里建溪驿。建阳县。七十里叶坊驿。属瓯宁县。五十五里建宁府瓯宁县、建安县城西驿。属瓯宁。四十里太平驿。属建安。四十里大横驿。属南平。四十里延平府南平县剑浦

---

①“大柳驿”，《明会典》卷一四五、《纪要》卷二九“柳”下有“树”字。

②“瀫”，底本作“瀫”，据《纪要》卷九三、《明史·地理志》改。

③“上杭埠驿”，《寰宇志》卷二七作“上杭驿”，《明会典》卷一四五作“上杭埠头驿”，《纪要》卷九三同。

④“南”，底本作“北”，按上杭埠驿去浦城县，应向南而非往北，据地望改。

⑤“草平驿”，《明会典》卷一四五“平”作“苹”，《寰宇志》卷二七、《纪要》卷九三“平”作“萍”。

⑥“铅山”，底本作“沿小”，据《纪要》卷八五、《明史·地理志》改。

驿。西北去邵武府。东六十里茶洋驿。属南平。九十里黄田驿。五十里水口驿。并属古田。四十五里小箬驿。八十五里白沙驿。并属侯官。六十五里芋源驿。属怀安县。廿里至

福建布政司福州府三山驿。

北京陆路至南京，自南京至常山县，皆水。自常山县至水口驿，属古田县。水马并应。崇安至福州府，水路滩洪缓急，详卷七之十五。上杭埠过仙霞岭至浦城县，详卷八之十一。由淮、邳至徐州，详卷二之十二。自北京至徐州，响马贼时出，必须防御。

二 北京至江西、广东水、陆路

顺城门。四十里卢沟河。三十里良乡县。六十里涿州。三十里三甲店。三十五里新城县。三十里白沟河。三十里雄县。四十里莫州[1]。三十里任丘县。七十里河间府。三十里商家林。三十里献县。三十里单家桥。三十里富庄驿。三十里阜城县。三十里漫河店。三十里景州。三十里南流。三十里德州。渡卫河。冻，渡冰。四十里枯树铺。三十里恩县。三十里平原驿。四十里高唐州。三十里南镇店。三十里茌山驿。三十里三十里铺。三十里铜城驿。四十里东阿县。晚，勿去。三十五里王古店。三十五里东平州。三十里开河驿。廿里汶上县。四十里康庄驿。四十里济宁州。三十里新店。三十里鲁桥。廿里南阳。四十里沙河。廿里庙道口。三十里沛县。三十里豆腐店。廿里村站。三十里茶城。三十里徐州。自济宁至此，闸河岸行。五十里桃山驿。四十五里夹沟驿。四十五里符离桥。廿里宿州。五十里旧荒庄。廿里仁桥。四十里固镇驿。灵璧县。五十五里王庄驿。属凤阳县。六十里渡淮河。凤阳府凤阳县濠梁驿。六十里红心驿。临淮县。六十里

① “莫州”，底本作“茂州”，《纪要》卷一三云：任邱县北三十里有莫州城。《明史·地理志》：任丘县“北有莫州”。据改。

张桥驿。定远县。九十里护城驿[1]。属合肥。九十里庐州府合肥县金斗驿。六十里派河驿。属合肥。六十里三沟驿。六十里梅心驿。并属舒城县。六十里吕亭驿。过山。六十里陶冲驿。并属桐城县。六十里青口驿。潜山县。六十里小池驿。太湖县。六十里枫香驿。宿松县。六十里停前驿。黄梅县。四十里渡大江。广十里。九江府德化县浔阳驿。百廿里德安县。百廿里建昌县。九十里石头口。渡章江[2]。广十里。至

江西布政司南昌府南昌县、新建县南浦驿。水七十里市汊驿。属南昌。一百里剑江驿。丰城县。七十里樟树镇。聚南北药。三十里临江府清江县萧滩驿。八十里金川驿。新淦县。八十里玉峡驿。峡江县。八十里白沙驿。吉水县。八十里吉安府庐陵县螺川驿。百廿里淘金驿。百六十里浩溪驿。并泰和县。百廿里五云驿。八十里皂口驿。并万安县。百里攸镇驿。属府。百廿里赣州府赣县水西驿。八十里九牛驿。八十里南埜驿。并属南康县。百廿里至小溪驿。属大庚。百廿里南安府大庾县横浦驿[3]。过大庾岭[4],即梅岭。六十里中站。即红梅关。六十里南雄府保昌县凌江驿。下水,九十里黄塘驿。并属府。乙百里平圃驿[5]。属曲江。乙百里韶州府曲江县芙蓉驿。乙百里濛瀼驿[6]。属曲江。乙百里清溪驿。属英德。乙百里浈阳驿。英德县。乙百廿里横石驿[7]。九十里安远驿。六十里回岐驿。并属清远县。六十里胥江驿。九十里官窑驿。并属本府。八十里至

---

①“护”，底本作“获”，据《寰宇志》卷一七、《纪要》卷二六改。

②“章”，底本作“漳”，《纪要》卷八四云：“章江，在府城西，一名赣江。”《明史·地理志》亦作“章”，据改。

③“浦”，底本作“圃”，据《寰宇志》卷四四、《明会典》卷一四五改。下同。

④“岭”，底本作“领”，据《寰宇志》卷四四、《明史·地理志》改。按底本各卷“岭”皆作“领”，以下迳改不出校。

⑤“圃”，底本作“浦”，据《寰宇志》卷一〇三、《纪要》卷一〇二改。

⑥“瀼”，底本作“里”，据《寰宇志》卷一〇三、《纪要》卷一〇二改。

⑦“横石驿”，又名横石矶驿。《寰宇志》卷一〇二、《纪要》卷一〇一“石”下有“矶”字。

广东布政司广州府南海县、番禺县五羊驿。属番禺。

两京至江西，其路有四，此其一也。由大江，水，入鄱阳湖而去，详卷七之二。由浙江过玉山、广信而去，详卷七之四。由镇江、浙江、徽州、饶州至江西，详卷七之十七。江西至广东，自南安府横浦驿起，至横石矶驿止，水马并应。湖口县至广东城滩洪缓急，详卷七之十。

三　北京至河南、湖广、广西水、陆路

顺天府。四十里卢沟桥。三十里良乡县。六十里涿州。十五里楼桑村。三十里定兴县。十里白沟河。六十里安肃县。十五里渡曹河。三十五里保定府。四十五里陉阳驿。四十五里庆都县。六十里定州。五十里新乐县。九十里真定府。六十里栾城县。四十里赵州。五里洨河桥。六十里柏乡县。三十三里渡尹村河。廿八里内丘县。金隄村。四十五里顺德府。三十五里沙河县。三十二里渡洺河。廿七里吕翁祠。廿里邯郸县。廿里赵王城。廿里台城冈。三十里磁州。廿里讲武城。四十里彰德府。五十里汤阴县。六十里淇县。五十里卫辉府。西去陕西、四川。西南由郑州去云、贵。南廿里沙门。五十里延津县。廿五里齐益。四十里丁店。三十里至

河南布政司开封府祥符县大梁驿。属府。四十里朱仙镇。五十里尉氏县。八十五里鄢陵县。五十里许州。三十里林渔。六十里桃城。六十里砖桥。六十里上蔡县。五十里汝宁府。六十五里郭家店[①]。五十里张五店。六十里真阳县。四十五里接官亭。三十里寨河。三十里渡淮河罗山县。五十里泼皮河。四十里长潭。廿里界牌河[②]。十里分水岭。三十五里王福店。

---

① “郭家店”，底本脱“家”字，据《士商类要》卷二之六〇、《路程图引》卷二之六〇补。

② “界牌河”，底本脱“牌”字，据《士商类要》卷二之六〇、《路程图引》卷二之六〇补。

四十里麻城县。五十里沙河铺。五十里林山河。三十里团风镇。七十里阳逻[1]。二十里沙河口。五十里汉口。渡大江,广七里。至

湖广布政司武昌府江夏县将台驿。六十里东湖驿。六十里山陂驿。并属江夏县。六十里咸宁驿。咸宁县。六十里官塘驿。六十里凤山驿。并属蒲圻县。六十里长安驿。临湘县。六十里云溪驿。六十里岳州府岳阳楼、巴陵县岳阳驿。七十五里鹿角水驿。属巴陵。六十里磊石驿。六十里营田驿[2]。六十里笙竹驿。并属湘阴县。七十里彤关驿。属长沙县。彤音同。七十里长沙府长沙县、善化县临湘驿。属长沙。九十里湘潭驿。湘潭县。百十五里渌口驿。东去江西袁州。南六十里泗洲驿。并属醴陵县[3]。七十五里都石驿。属湘潭。六十五里。皇华驿。七十五里霞流驿。并属衡山县。六十里七里驿。六十里衡州府衡阳县临烝驿。九十里新塘驿。并属衡阳。九十里柏坊驿。六十里河洲驿。六十里归阳驿。九十里三吾驿。并属祁阳县。九十里方潋驿。六十里永州府零陵县湘口驿。属零陵。九十里石期驿[4]。东安县。九十里柳浦驿。六十里山角驿。七十五里全州城南驿。无量寿佛涅槃湘山寺,身尚存。九十里建安驿。属州。百三十里白云驿。兴安县。八十里大龙驿。灵川县。五十里至

广西布政司桂林府临桂县东江驿。

北京陆路至岳州府,本府过洞庭湖,至长沙、衡、永、全州、广西桂林,皆水。衡州之南,湘水渐少,百石船由湘、漓二江,可入两广。湘江源出全州兴安县西四十里海阳山,平地穿心,十里环之以山,中有覆釜小山出水,龙王庙在巅,下有泉洞,流成小渠,曰灵渠,深尺许,湘源始于此。流至兴安县,立分水龙王庙,北流全州,至永州府之西,合

① “逻”,底本作“罗”,《纪要》卷七六云:黄冈县有“阳逻镇”。《明史·地理志》云:黄冈县江滨西有阳逻镇。据改。

② “营”,底本作“荣”,据《寰宇志》卷五五、《纪要》卷八〇改。

③ “陵”,底本作“林”,据《明会典》卷一四五、《明史·地理志》改。

④ “期”,底本作“溪”,据《寰宇志》卷五八、《纪要》卷八七改。

潇江，入洞庭，为潇湘。南流三十六陡，入广西桂林府，为漓江，陡门如闸也。河高水少，舟至自启，舟去则闭，积水以待来者，且资溉灌。是河即秦命史禄吞越峤而首凿之[①]。汉交趾女子徵贰、徵侧反，破城六十座，拜马援伏波将军南征，饷道于此，入而疏之。唐宝历时，按察使李渤始立陡门，以通漕运。湘源覆釜山泉洞有鱼，乡人以矢射取，或有大者三十斤许，浅其渠中，乡人取之，出自泉洞，生养之所莫能知也。一水两分，北惟南旺，南独此也。

四　北京至陕西、四川路

顺天府。四十里卢沟河。三十里良乡县。六十里涿州。四十五里定兴县。七十里安肃县。五十里保定府。四十五里陉阳驿[②]。四十五里庆都县。六十里定州。五十里新乐县。九十里真定府。六十里栾城县[③]。四十里赵州。六十五里柏乡县。六十里内丘县。四十五里顺德府。三十五里沙河县。八十里邯郸县。七十里磁州。廿里讲武城。四十里彰德府。五十里汤阴县。六十里淇县。五十里卫辉府。五十里新乡县。五十里获嘉县[④]。五十里修武县。五十里武涉县。三十里清化镇。四十里怀庆府。五十里孟县。三十里孟津县。六十五里河南府。东百四十里，至登封县治。东八里中岳，嵩山庙在黄盖峰下。西七十里新安县。五十里义昌驿。四十里渑池县。七十里硖石。六十里陕州。六十里灵宝县。五十里阌乡县。六十里陕西、河南界。潼

①“峤”，底本作“乔”，《后汉书·马援传》：援进击九真贼徵侧等，斩首五千人，“峤南悉平”。《水经·湘水注》：“越城峤水，南出越城之峤。峤，即五岭之西岭也。”盖“乔”为“峤”之误，据改。

②“陉”，底本作“泾”，“驿”作“县”，按直隶保定府无“泾阳县”而有“陉阳驿”，据《明会典》卷一四五、《纪要》卷一二改。下同。

③“栾”，底本作“滦”，据《寰宇志》卷四、《纪要》卷一〇改。

④“嘉”，底本作“加”，据《明会典》卷一四五、《明史·地理志》改。

关东渡黄河，至蒲州六十里。西四十里华阴县。西岳华山。六十里华州。六十里渭南县。七十里临潼县。五十里至

陕西布政司西安府长安县、咸宁县京兆驿。北京至此二千四有十五里。西五十里渭水驿。咸阳县。五十里白渠驿。兴平县。四十里长宁驿。四十里郃城驿。武功县。五十里凤泉驿。扶风县。六十里岐周驿。岐山县。五十里凤翔府凤翔县歧阳驿。八十里陈仓驿。宝鸡县。八十里东河桥驿。属宝鸡县。六十里草凉楼驿。属凤县。六十里凤县梁山驿。六十里三岔驿。七十里松林驿。并属凤县。六十里安山驿。六十里马道驿。五十二里鸡头关。八里褒城县开山驿。东五十里至汉中府。南五十里黄沙驿。至此，路始平。四十里沔县顺政驿。六十里青阳驿。四十里五丁峡金牛驿。六十里柏林驿。十里宁羌州。五十里黄坝驿[①]。并属沔县。六十里过七盘关界。神宣驿。七十里朝天驿。西北去剑州，即朝天岭。属保宁府广元县[②]。六十里沙河驿。七十里龙潭驿。六十五里柏林驿[③]。四十里施店驿。五十里槐树驿。七十五里保宁府阆中县锦屏驿。六十里隆山驿。六十里柳边驿。南部县。六十里富村驿。六十里云溪驿。六十里秋林驿。六十里潼川州皇华驿。六十里建宁驿。五十里中江县五城驿。六十里古店驿。六十里汉州广汉驿。六十里新都县新都驿[④]。四十里至

四川布政司成都府成都县、华阳县锦官驿。西安府至此一千九百六十里。北京至此四千三百一十里。

朝天驿西北分剑阁路

朝天驿。廿五里广元县。廿里昭化县[⑤]。廿里剑门关。八十里剑州。

---

①“坝”（壩），底本作“霸”，据《明会典》卷一四五、《纪要》卷五六改。

②“元”，底本作“化”，据《明会典》卷一四六、《明史·地理志》改。

③“柏林驿”，据《明会典》卷一四七、《纪要》卷六八，四川保宁府并无此驿，惟有栢林递运所。底本作“柏林驿”，误。

④“新都驿”，《士商类要》卷二之九〇《北京由陕西至四川省陆路》同；《寰宇志》卷六一、《明会典》卷一四六《四川水马驿》、《纪要》卷六七皆不载此驿。

⑤“昭”，底本作“照”，据《寰宇志》卷六三、《纪要》卷六八改。

百廿里梓潼县。百三十里绵州。九十里罗江县。百里德阳县。九十里汉州。六十里新都县。四十里至成都府。

两京至陕西，由河南而上者，潼关必由之道。四川至陕西，一由连云栈，即韩信明修之道；一由陈仓，即信之渡者，道在凤县南一百里，桑平铺而入，至沔县百丈坡而出，路长二百余里，今荒塞不通，非今之陈仓驿也。百丈坡至沔县二十五里。韩信造木罂，渡黄河，至山西擒魏豹，即吴王渡。今陕西同州郃阳县渡，山西平阳之临晋县也。襄阳由武关而入，皆险隘，一夫可守。南京至四川，其路有四：一由大江水至成都；或至重庆府陆路而去；一由潼关、陕西连云栈，四千三百二十里至成都；一由荆门州、黄州府，四千五百八十里至成都。云、贵二省至成都，由乌撒卫、泸州西路而去，并详南北水陆。陕西栈道，自凤县四百二十里至褒城县，乔木夹道，有虎豹，无盗，皆大山，缘坡岭行，有缺处，以木续之，成道如桥，即栈道也，非若剑阁悬崖峭壁之险。一路有店舍，岩穴亦可宿，亦有带釜而炊者，种火以待来人。至褒城县地始平。本县四百四十里至蜀朝天驿，即朝天岭，极高峻。西南由保宁府驿道达于成都，西北由剑州剑门关达于汉州入成都[①]。剑门关即大剑山，一名梁山，中断两崖，相对如门，因名剑门关。凿石架梁，飞阁成道，此为剑阁，与陕西栈道相去六百余里。石牛道即金牛路，一云在大剑关口，乱石错立，长仅六丈余，薛文清公云：在陕。五丁峡、金牛驿旧址，在今沔县西一百十里，非今之金牛驿也。谚云：秦惠王欲伐蜀，莫知其路，刻五石牛，诡言能粪金，欲遗蜀。蜀乃使五丁力士开山引之，拖牛成道，秦使张仪随而伐之，因名石牛道。至汉，司隶杨厥凿而广之[②]，即大剑门关也。薛文清公诗云："巨

① "成"，底本作"城"，据《纪要》卷六六、《明史·地理志》改。

② "杨厥"，底本"杨"作"阳"，据《水经·沔水注》、《纪要》卷六六改。

峡三千里，天开几万年；梁州旧禹迹，谬以五丁传。”金牛之说无也，余亦疑蜀之愚，岂至于此乎！且石牛道今详考不定，妄无疑也。小剑门关在大剑关西北三十里。大剑关至剑州八十里，由绵、梓达于成都。

五　北京至贵州、云南路

北京至卫辉府。详三。本府西五十里新乡县。五十里渡黄河。荥泽县[①]。五十里郑州。至汴城一百四十里。西南九十里新郑县。六十里石固店。九十里襄城县。六十里叶县。六十里保安驿。六十里裕州。水。由唐县入汉江，至湖广城。出马铃，七十里博望驿。六十里南阳府。六十里林水驿。七十里新野县。七十里吕堰驿。四十里襄阳府。六十里潼口驿。六十里宜城县。九十里丽阳驿。六十里石桥驿。并属荆门州。六十里荆门州。六十里建阳驿。一百里荆州府。渡大江。六十里公安县。六十里孙黄驿。两京至云、贵陆路，至此合。七十里顺林驿。六十里澧州。渡兰江。七十里清化驿。七十里大龙驿。六十里常德府。八十里桃源县。避秦故迹。六十里郑家驿。六十里新店驿。防虎。并属桃源县。八十里界亭驿。六十里马底驿。并沅陵县。渡。六十里辰州府。七十五里船溪驿。卢溪县。渡。七十五里山塘驿。辰溪县。渡。七十里怀化驿。八十里沅州罗旧驿。八十里便水驿[②]。浮桥。七十里晃州驿。六十里平溪卫。七十里清浪卫。浮桥。九十里镇远府。七十里偏桥卫。六十里兴隆卫。六十里清平卫。渡。六十里平越卫。渡。七十里新添卫。六十里龙里卫。五十里至

贵州布政司。六十里威清卫。六十里平坝卫[③]。六十里普定卫。换

---

① “荥”，底本作“荣”，据《纪要》卷四六、《明史·地理志》改。

② “水”，底本作“溪”；《明会典》卷一四五作“水”，《纪要》卷八一同，据改。

③ “坝”（壩），底本作“霸”，据《寰宇志》卷一一五、《纪要》卷一二〇改。

马。西六十里安庄驿。过关索岭，即关顶黄土巡司，共七十里。查城驿。三十里安南卫。过土陂。三十里尾洒驿。属普安州。过江。老鸦关七十里新兴驿。八十里普安州普安卫相满驿。七十里亦资孔驿。属贵州普安州。七十里平夷卫[①]。属云南。四十里白水驿。十字路。东西二路至此合。西六十里南宁驿[②]。四十里马龙驿。七十里易龙驿。七十里杨林驿。百里至

云南布政司云南府滇阳驿[③]。

北京至云、贵二省，镇远府必由之路，为云、贵之东路，即此也。南京至云、贵，或由大江，水。至泸州纳溪、永宁、乌撒而去，为二省之西路，详卷二之十四。至于南宁卫十字路，东西二路合，往云南。南京至镇远府水路，详卷七之二。自镇远至贵州，陡峻难行。贵州以西，渐渐宽平，直抵云南。

六　北京至山西路

顺天府。四十里卢沟河。三十里良乡县。六十里涿州。四十五里定兴县。七十里安肃县。五十里保定府。四十五里陉阳驿。四十五里庆都县。六十里定州。五十里新乐县。九十里真定府。五十里威州。九十里井陉县。五十里故关。巡司。四十里柏井驿。七十里芹泉驿。孟县。六十里平定州。六十里寿阳县。九十里太安驿。五十里土桥。五十里鸣谦驿。属榆次县。五十里至

山西布政司太原府阳曲县临汾驿。

---

① “卫”，底本作“驿”，按曲靖军民府有平夷卫，无“平夷驿”，底本误，据《纪要》卷一一四改。

② “驿”，底本作“卫”，据《寰宇志》卷一一二、《纪要》卷一一四改。

③ “滇”，底本作“浈”，据《寰宇志》卷一一一、《明会典》卷一四六改。

北岳恒山：古北岳乃在浑源州南二十里，山高三千九百丈七尺，上方三十里。三代而下，秦、汉、隋、唐皆祀于浑源州北岳之恒山。至五代，失河北之地，宋建都于汴，以真定府在北，移祀于曲阳县，国朝亦因之未更。曲阳东至定州六十里，浑源州属山西大同府，西至本府一百二十里。

七　北京至山东路

顺城门。三十里卢沟桥。三十五里良乡县。六十里涿州。三十五里三甲店。三十五里新城县。三十五里白沟河。三十五里雄县。四十里茂州。三十里任丘县。四十里新中驿。三十里河间府。三十里商家林。三十里献县。廿里单家桥。三十里富庄驿。三十里阜城县。三十里漫河店。三十里景州。三十里南流。六十里德州。西去南京。东七十里平原县[①]。七十里禹城县[②]。七十里齐河县。五十里至

山东布政司济南府历城县谭城马驿[③]。

① “原”，底本作“源”，据《寰宇志》卷七一、《纪要》卷三〇改。

② “禹”，底本作“寓”，据《寰宇志》卷七一、《纪要》卷三〇改。

③ “谭”，底本作“潭”，据《寰宇志》卷七一、《明会典》卷一四五改。

卷二　南京至十三省水、陆路

八　南京由东平州至北京路

应天府。六十里**江宁镇**[①]。六十里**采石驿**。渡大江。三十五里**当利驿**。三十五里**和州**。阴陵山，项羽失道乌江，即此。四十里**香泉塘**。温泉可浴。三十里**后河**。三十里**全椒县**。五十里**滁州**。瑯琊山、醉翁亭属本州。三十里**庸桥**。三十里**大柳树**。四十里**池河**。五十里**红心驿**。三十里**南总铺**。三十里**凤阳府濠梁驿**。渡。三十里**北总铺**。三十里**王庄**。三十里**固镇驿**。四十里**仁桥**。由大店驿而去，路远。廿里**旧荒庄**。五十里**宿州**。南门田，北门土。廿里**符离桥**。四十里**夹沟驿**。四十里**桃山驿**。五十里**徐州彭城驿**。三十里**茶城**。三十里**张村驿**[②]。五十里**沛县**。三十里**庙道口**。三十里**沙河**。四十里**南阳**。廿里**鲁桥**。三十里**新店**。三十里**济宁州**。四十里**康庄驿**。四十里**汶上县**。廿里**沙河驿**。三十里**东平州**。三十五里**王古店**。山路。晚，即止。三十五里**东阿县**。四十里**铜城驿**。三十里**三十里铺**。三十里**茌平县**[③]。本县西至东昌府七十里。北三十里**南镇店**。三十里**高唐州**。四十里**平原县**[④]。三十里**恩县**。

---

①“宁”，底本作“陵”，《纪要》卷二〇：应天府西南六十里有江宁镇，“江宁驿置于此”。《明史·地理志》：“江宁县西南有江宁镇。”据改。下同。

②“张村驿”，《寰宇志》卷九、《明会典》卷一四五、《纪要》卷一二九皆云徐州府北有夹沟驿，而未载此驿。

③“茌”，底本作“庄”，据《明会典》卷一四五、《纪要》卷三四改。

④“原”，底本作“源”，据《寰宇志》卷七一、《纪要》卷三〇改。

三十里枯树铺。四十里德州。渡卫河。冻,渡冰。三十里南流。三十里景州。三十里漫河店。三十里阜城县。三十里富庄驿。三十里单家桥。三十里献县。三十里商家林。三十里河间府。七十里任丘县。三十里茂州。四十里雄县。三十里白沟河。三十里新城县。三十里三甲店。三十五里涿州。三十里刘李河。三十里良乡县。三十五里卢沟桥。四十里至

北京顺城门。

南京至北京陆路有三,此其一也。车。由兖州府,详卷一之一。由淮安、邳州陆路至徐州,详本卷之十二。

九　南京至河南、山西路

应天府。三十五里江东驿。属应天。渡大江。十五里江淮驿。三十五里东葛城驿。并属江浦县。六十里滁州滁阳驿。六十里大柳树驿。属滁州。四十五里池河驿。定远县。六十里红心驿。临淮县。六十里凤阳府濠梁驿。六十里王庄驿。属凤阳县。五十五里固镇驿。灵璧县。四十五里大店驿。四十五里宿州睢阳驿。七十里百善道驿。宿州。六十里太丘驿①。永城县。六十里会亭驿。夏邑县。五十里石榴固驿②。虞城县。六十里归德府商丘驿。六十里宁城驿。宁陵县。六十里葵丘驿。睢州③。七十里雍丘驿。杞县。六十里莘城驿。陈留县。五十里至

河南布政司开封府祥府县大梁驿。七十里圃田驿。中牟县。七十

①“太”,底本作“大”,据《明会典》卷一四五、《清统志》卷一九三改。

②“榴”,底本作“留”,据《寰宇志》卷八三、《明会典》卷一四五改。

③“睢州”,底本作“陈州”,《明会典》卷一四五:睢州有葵丘驿。《清统志》卷一九四:“葵(误作蔡)丘驿在睢州新城内。”据改。

里管城驿。七十里广武驿。荥泽县[1]。六十里覃怀驿。□十里武德驿[2]。六十里万善驿。并属河内县。六十里星轺驿。六十里太行驿。并属泽州。六十里乔村驿。六十里长平驿。并属高平县。六十里漳泽驿。长子县。七十里余吾驿。屯留县。六十里褫亭驿。襄垣县。六十里沁阳驿。沁州。七十里权店驿。武乡县。五十里南关驿。五里盘陀驿。祁县。七十里同弋驿。徐沟县。八十里至

山西布政司太原府阳曲县临汾驿。

一〇　南京至陕西、四川路

南京至汴城大梁驿。详本卷之九。本驿。七十里圃田驿。中牟县。七十里郑州管城驿。七十里索亭驿[3]。荥阳县。四十里成皋驿。汜水县。汜音似。六十里洛口驿。巩县。六十里首阳驿。偃师县。七十里河南府洛阳县周南驿。七十里函关驿[4]。新安县。五十里义昌驿。渑池县。四十里蠡城驿。属渑池。七十里硖石驿。属陕州。七十里陕州甘棠驿。六十里桃林驿。灵宝县。七十里鼎湖驿。阌乡县。七十里潼关驿。属陕西华阴县。四十里华阴县潼津驿。七十里华州华山驿。五十里丰原驿。渭南县。七十里新丰驿。临潼县。七十里至

陕西布政司西安府长安县、咸宁县京兆驿。本驿至四川布政司，详卷一之四。

南京由滁州、襄阳至四川，陆路详卷六之十一，水路详卷七之一。

---

①“荥”，底本作“荣”，据《寰宇志》卷八三、《明史·地理志》改。

②“武德驿”，按河南怀庆府无此驿，《寰宇志》卷八九《古迹》：武德城在怀庆府东五十里。《纪要》卷四九：武德城在怀庆府东南五十里。疑为“武德城”之误。

③“索”，底本作“荥”，据《寰宇志》卷八三、《明会典》卷一四五改。

④“函关驿”，《寰宇志》卷八五同，《明会典》卷一四五作“函城马驿”，《纪要》卷四八作“函谷关驿”。

一一　南京至江西、广东水、陆路

南京下关龙江驿。六十里大胜驿。属江宁县。九十里采石驿。属当涂县。廿里太平府。当涂县。六十里芜湖县。十里橹港驿。属芜湖县。百廿里荻港驿。属繁昌县。百三十里大通驿。铜陵县。八十里池州府贵池县池口驿。九华山,府东五十里。西六十五里李阳河驿。并属贵池。八十里安庆府同安县同安驿。百廿里雷港驿。望江县。百廿里龙城驿。彭泽县。百廿里彭蠡驿。湖口县。百廿里南康府星子县匡庐驿。百廿里吴城驿。百廿里樵舍驿。并属新建县。六十里至

江西布政司南昌府南昌县、新建县南浦驿。本驿至广东布政司。详卷一之二。

南京陆路至江西,详本卷之十四。黄梅县渡大江,与北京至江西路合。避大江者,由镇江、浙江、广信府而去,详卷之七。

一二　南京由淮安、邳州至山东路

南京。百五十里仪真县。七十里扬州府。十五里湾头。四十五里邵伯驿。六十里高邮州。六十里界首驿。六十里宝应县。六十里平河桥。四十里淮安府。十五里板闸。十五里清江浦[①]。三十里清河县。三十里三汊河。廿里张思仲。十里桃源县。三十里崔镇。十八里古城。十三里白洋河。四十里宿迁县。由刘家涧近十五里。有贼。三十里岔路口。廿七里直河。冬,由柳湖三十里至邳州。夏,往小官路,四十五里至邳州;若水大,由大官路,六十里至邳州。三十五里新安。三十五里双沟集。三十五里房村。三十五里黄钟集。廿里小店。廿里徐州。三十里茶城。三十里村站。五十里沛县。七十

① “江”,底本作“河”,据《纪要》卷二二、《清统志》卷九四改。

里临城驿。七十里滕阳驿。滕县。四十五里界河驿。五十里邾城驿。邹县。五十里兖州府昌平驿。六十里清川村驿①。宁阳县。九十里安宁村驿②。六十里五道岭驿。并肥城县。七十里东北置驿。长清县。七十里至

山东布政司济南府谭城驿③。

南京至山东布政司,其路有三,此其一也。由江浦详卷一之一;由和州详本卷之八,并至徐州合。进京大车止于徐州,有山阻,可北而不可南。

一三　南京由淮安、登、莱三府至辽东水、陆路

南京至淮安府。详本卷之十二。本府。渡黄河④。六十里金城驿。属清河县。六十里崇河驿。六十里潼阳驿。沭阳县。七十里兴国驿。海州。六十里上庄驿。七十里东海驿。六十五里王坊驿。并属赣榆县。七十五里傅疃驿。六十里白石山驿⑤。并属日照县。六十里桃林驿。六十里诸城县东关驿。北二百五十里至青州府。东一百廿里高密县密水驿⑥。七十五里丘西驿。七十里苏村驿。并属平度州。六十里莱州府掖县城南驿。六十里朱桥驿。属掖县。六十里黄山驿。属黄县。六十里黄县龙山驿。六十里登州府蓬莱县蓬莱驿。渡海。五百里至辽东旅顺口。六十里木场驿⑦。六十里金州卫。北九十里孛兰驿。九十里复州卫。九十里五十寨驿。六十里熊岳驿。九十

① “清川村驿”，底本脱“村”字，据《寰宇志》卷七三、《纪要》卷三二补。
② “安宁村驿”，底本脱“村”字，据《明会典》卷一四五、《纪要》卷三一补。
③ “谭”，底本作“潭”，据《寰宇志》卷七一、《明会典》卷一四五改。
④ “黄河”，底本作“黄渡”，按黄河在淮安府北，由南京北上，必渡黄河，“黄渡”盖为“黄河”之误，据改。
⑤ “白石山驿”，底本脱“山”字，据《寰宇志》卷七五、《纪要》卷三五补。
⑥ “高密县密水驿”，底本二“密”字皆作“蜜”，据《寰宇志》卷七六、《明会典》卷一四五改。
⑦ “木场”，底本作“水汤”，据《寰宇志》卷七七、《辽东志》卷二改。

里盖州卫。六十里耀州驿。六十里海州卫。六十里鞍山驿。六十里至

辽东镇。东去开原，西去山海，详卷之四。

南京由登州府至辽东，有过海之难。由北京、山海关至辽东，途有虏惊，堡墩可防。海州东北去开原城固无忧，过鸭绿江往高丽，此道也。客路不必至诸城，自赣榆、日照由海岸而去，最近。胶莱河在莱州府之西，南胶州麻湾口，北莱州府海仓口，河长三百七十里，元人所开，以便海运不转尖也。

一四　南京至湖广、贵州、云南水、陆路

南京出聚宝门，即南门。六十里江宁镇驿。六十里采石驿。渡江。北三十五里当利驿。祁门驿。并属和州。界首驿。含山县。高井驿。属巢县。西山口驿。坡冈驿。至庐州府四十里。派河驿。并属合肥县。三沟驿。梅心驿。并属舒城县。吕亭驿。陶冲驿。并属桐城县。青口驿[①]。潜山县。小池驿。太湖县。枫香驿。宿松县。亭前驿。黄梅县至江西者，自此渡大江。至九江府，由建昌县而去。双城驿。广济县。广济驿。西河驿。浠川驿。巴水驿。并属蕲水县[②]。黄州府黄冈县临皋驿。李坪驿[③]。阳逻驿[④]。

湖广布政司武昌府将台驿。东湖驿。山陂驿。并属江夏县。咸宁驿。官塘驿。凤山驿。并属蒲圻县[⑤]。长安驿。属临湘县。云溪驿。岳州府

① “青”，底本作“清”，据《寰宇志》卷一八、《纪要》卷二六改。

② “并属蕲水县”，据《明会典》卷一四五：广济驿属广济县，西河驿属蕲州，浠川驿、巴水驿属蕲水县。

③ “坪”，底本作“泙”，据《寰宇志》卷五一、《明会典》卷一四五改。

④ “逻”，底本作“罗”，据《纪要》卷七六、《明会典》卷一四五改。

⑤ “并属蒲圻县”，据《明会典》卷一四五：咸宁驿属咸宁县，官塘驿、凤山驿属蒲圻县。

岳阳驿。临江驿。并属巴陵县[①]。华容驿。华容县。通化驿。属石首县。民安驿。孱陵驿。孙黄驿。并属公安县。两京陆路至云、贵二省，并至孙黄驿合，此为东路。本驿东路至云、贵二省，详本卷之五。

右当利驿至孙黄驿，每程六十里，惟岳阳驿至临江驿九十里。

南京至贵州、云南西路

南京由大江至泸州。详卷七之一、之二。本州。七十里纳溪水驿。纳溪县。七十里渠霸驿。七十里大洲水驿。六十五里峡口水驿。三十五里江门水驿。五十里江安水驿[②]。五十里永宁卫。陆路五十里普市驿。五十里摩泥驿。五十里赤水卫。四十里白崖驿[③]。六十里层台驿。七十里毕节卫。西去云南。东五十里归化驿。五十里阁鸦驿。五十里金鸡驿。五十里奢香驿。五十里水西驿。水银、朱砂产于施溪、黄道二司。属水西宣慰。五十里谷里驿。五十里陆广驿[④]。五十里龙场驿。五十里至贵州布政司。

毕节卫分至云南西路

本卫。七十里周泥驿。七十里黑章驿。五十里瓦甸驿。七十里乌撒卫。六十里七星关倘塘驿。六十里霑益驿。六十里炎方驿。六十里松林驿。七十里曲靖府南宁驿。四十里马龙驿[⑤]。八十里易龙驿。七十里杨林驿。一百里至

云南布政司云南府滇阳驿[⑥]。

---

①“并属巴陵县”，据《明会典》卷一四五：云溪驿属临湘县，岳阳驿、临江驿属巴陵县。

②“江”，底本作“永”，据《寰宇志》卷六八、《明会典》卷一四六改。

③“崖”，底本作“厓”，据《纪要》一二三改。按底本各卷“崖”皆作“厓”，以下迳改。

④“陆”，底本作“六”，据《寰宇志》卷一一四、《纪要》卷一二一改。

⑤“龙”，底本作“林”，《明会典》卷一四六作“龙”，《纪要》卷一一四引《舆程记》：“自曲靖府之马龙驿西行八十里至易龙驿。”据改。

⑥“滇”，底本作“滇”，据《寰宇志》卷一一一、《明会典》卷一四六改。

南京东路至云、贵，至于孙黄驿与北京至云、贵路合。南京西路至云、贵，自大江至泸州，由纳溪而南，至于毕节其路两分，东去贵州，西去云南，为二省之西路。南京由洞庭湖入沅江、辰州府，至镇远府陆路而去，亦东路，详卷七。沅江无水大之阻，客货不时可往。川江水漫石没，船不能上，水大极险。云南客货，西路川江下，而东路沅江上，但水大不往西矣。东路无水大之阻，西路川江快，有放船之惊，详卷七之一。

一五　南京至广西水、陆路

南京至湖广将台驿。详本卷之十四。将台驿至广西布政司桂林府。详卷一之三。

南京水至广西桂林府。详卷七之二、之九。本府由平乐府水至梧州等府，瑶贼恶甚。上水，船唯撑，不能牵。商贾之路，由梅岭、广东，而至梧州等府，俱不往桂林。至平乐之北者，必由桂林而去。避洞庭湖者，由湖口县、江西袁州、渌口、衡州而去。详卷七。

一六　南京至浙江、福建水、陆路

南京至浙江、福建二省。详卷一之一。

一七　南京至山海关水、陆路

南京由北京至山海关详卷之四。南京由淮安至山海关详卷二之十三。

卷三　两京、各省至所属府水、陆路

一八　北京至所属府

顺天府至保定、真定、顺德三府，详卷一之三。

至河间府，详卷一之一。

至永平府，详卷四之一。

至广平府、大名二府至山东临清州附。

顺天府至顺德府。详卷一之三。顺德府龙冈驿。七十里临洺驿。四十五里广平府永年县丛台驿[①]。四十里肥乡县。七十里大名府。元城县。三十里小滩铺。四十里冠县[②]。七十里清水铺。二十里至临清州。

一九　南京至所属府

应天府至苏、松、常、镇四府，详卷一之一。

至太平、池州、安庆三府，详卷二之十一。

至扬州府、淮安府、邳州、徐州，详卷二之十二。

---

① “年”，底本作“平”，据《明会典》卷一四五、《纪要》卷一五改。《明会典》卷一四五云：丛台驿属邯郸县，底本作“永年县”，误。

② “冠县”，底本作“观县”，据驿路方向和里程推算，当为“冠县”之误，据《寰宇志》卷七二、《明史·地理志》改。

至庐州府，详卷二之十四。

至凤阳府、和州、滁州、宿州，详卷二之八。

至宁国府、广德州水陆

南京龙江驿。六十里大胜驿。九十里采石驿。百八十里水阳驿。九十里宁国府宣城县宛陵驿。一百八十里至广德州。

至徽州府路

南京出南门，六十里江宁镇[①]。六十里采石。廿里太平府。六十里芜湖县。九十里南陵县。五十里泾县。一百十里旌德县。八十里雄路。五十里至徽州府。

二〇　山西布政司至所属府

东北至蔚州路

太原府。八十里成晋驿。属阳曲。七十里九原驿。忻州。八十里原平驿。崞县。一百里代州、振武卫、雁门关驿[②]。关内东至五台一百四十里。关外西至朔州一百四十里。北六十里广武驿。马邑县。九十里安银子驿。应州。八十里西安驿。怀仁县。八十里大同府大同县云中驿。八十里瓮城驿。大同县。五十里上盘铺驿。浑源州。二百廿里蔚州。东南至紫荆关二百五十里。

西北至镇西卫、保德州路

太原府。九十里凌井驿。属阳曲。八十里康家会驿。八十五里闹泥驿。并属静乐县。九十五里岢岚州、镇西卫、安定驿[③]。一百里保德州。

西南至汾州、平阳府、蒲州路

太原府。八十里同戈驿。徐沟县。五十里贾令驿。祁县。六十里洪善驿。

---

① “宁”，底本作“陵”，据《纪要》卷二〇、《明史·地理志》改。

② “雁门关驿”，底本同，《寰宇志》卷七八、《明会典》卷一四五皆作“雁门驿”。

③ “安定驿”，底本同，《寰宇志》卷七八作“永平驿”，《明会典》卷一四五作“永宁驿”。

平遥县。西八十里，至汾州汾阳驿。南七十里义棠驿[①]。介休县。七十里瑞石驿。三十五里仁义驿。并属灵石县。六十里霍州霍山驿。八十里普润驿[②]。洪洞县。六十里平阳府临汾县建雄驿。五十里蒙城驿。五十里侯马驿。并属曲沃县。七十里涑川驿[③]。闻喜县。九十里泓芝驿。安邑县。八十里樊桥驿。临晋县。八十里蒲州。西六十里渡黄河，至陕西潼关。

太原府至平定州。详卷一之六。

二一　江西布政司至所属府

南昌府至南康府、袁州府，详卷七之八。

至九江、临江、吉安、赣州、南安五府，详卷一之二。

至广信府，详卷七之十四。

至瑞州府，详卷七之十六。

至饶州府，详卷七之十七。

至抚州、建昌二府路

南昌府。六十里武阳驿。六十里清远驿。属临川县。六十里孔家渡驿。属临川。六十里抚州府。一百廿里建昌府盱江驿。

二二　湖广布政司至所属府

武昌府至岳州、长沙、衡州、永州四府，详卷一之三。

至汉阳府，北渡大江，广七里。

至黄州府蕲州，详卷七之一、之二。

---

① “棠”，底本作“常”，据《寰宇志》卷八二、《永乐大典》卷一九四二六改。
② “润”，底本作“闰”，据《寰宇志》卷七五、《明会典》卷一四五改。
③ “涑”，底本作“冻”，据《寰宇志》卷七九、《明会典》卷一四五改。

至岳州府、常德府、辰州府、沅州，详卷七之二。

至荆州府归州。详卷七之一。

本司至宝庆府水

武昌府至城陵矶，详卷七之二。城陵矶驿。七十五里鹿角驿。六十里磊石驿。六十里营田驿[①]。六十里笙竹驿。湘阴县。南乔口巡司入资江。宁乡县。益阳县。安化县。新化县。宝庆府。武冈州。

北至襄阳等府水陆

武昌府。六十里蒲潭驿。六十里三汊驿。并属汉阳县。一百八十里沙湖驿。百廿里侯埠驿。百廿里沔阳州汉津驿。百廿里刓河驿[②]。百廿里深江驿。沙湖至此，并属本州。一百廿里白洑驿[③]。荆州府潜江县。一百廿里旧口驿。属承天府。一百廿里承天府石城驿。百廿里鱼料驿。属荆门州。一百廿里苏家湖驿[④]。宜城县。水百廿里潼口驿。属襄阳县。水一百廿里至襄阳府汉江驿。陆路。六十里砖桥。六十里蔡店。三十里谷城县。四十里石花街。七十里界山。五十里草店。四十里均州。一百廿里郧阳府。

本司至德安府、随州、襄阳府路

武昌府。渡江，广七里。汉口。二十里平湖塘。□十里龚家渡。一十里汉川县。三十里刘家隔。六十里洛阳河。十里云梦县。廿里利塘。四十里德安府。四十里平理市。四十里光化铺。三十里随州。九十里唐城镇[⑤]。五十里红瓦店。四十里枣阳县。六十里蔡阳店。八十里襄阳府。对江樊城。

---

① “营”，底本作“管”，据《寰宇志》卷五四、《明会典》卷一四五改。

② “刓”，底本作“副”，据《明会典》卷一四五、《纪要》卷七七改。

③ “洑”，底本作“伏”，据《明会典》卷一四五、《纪要》卷七七改。

④ “苏家湖驿”，底本脱“家”字，据《明会典》卷一四五、《纪要》卷七九补。

⑤ “唐城镇”，底本作“唐县镇”，《纪要》卷七七：随州西北八十五里有唐城，今为唐城镇。《清统志》卷三四三：随州西北有古唐城。据改。

二三　云南布政司至所属府

本省由各府至金齿路

云南府。西八十里安宁州安宁驿。五十五里禄脿驿。属安宁。八十里禄丰驿。禄丰县。六十五里舍资驿。五十五里路甸驿。并属广通县。六十里楚雄府峨碌驿。四十里吕合驿。属楚雄县。北一百五十里至姚安府。西六十五里沙桥驿。镇南州。七十五里普淜驿。属姚州。六十里云南驿。云南县。七十五里定西岭驿。属赵州。南往景东府。西七十五里赵州德胜关驿。北三十里至大理府洱西驿。产屏石。西八十里样备驿①。属蒙化府。六十里打牛坪驿。九十里永平驿。并属永平县。六十里沙木和驿②。一百十里金齿卫。产宝石。至南京八千三百六十五里,至北京一万一千八百三十五里。

定西岭南至景东府路

定西岭驿。属赵州。一百里定边驿。六十里新田驿。并属楚雄府定边县。六十里板桥驿③。属景东。六十里景东府。景东卫、景东驿。

大理府北至丽江府路④

本府。六十里邓川州驿⑤。邓川州。七十里观音山驿。属鹤庆府。百廿里鹤庆府在城驿。七十里丽江府通安州在城驿。

本司北至武定府路

云南府。七十里利浪驿。八十里武定府、和曲驿。

本省南至元江府路

云南府。八十里晋宁驿。晋宁州。七十里江川驿。徵江府江川县。本驿

---

①“样”，底本作“漾”，据《寰宇志》卷一一二、《纪要》卷一一八改。

②“沙木和驿”，底本作“沙水驿”，《寰宇志》卷一一三作“沙木河驿”，《明会典》卷一四六、《纪要》卷一一八皆作“沙木和驿”，据改。

③“板”，底本作“版”，据《寰宇志》卷一一二、《纪要》卷一一六改。

④“丽”（麗），底本作“洒”（灑），据《寰宇志》卷一一三、《明史·地理志》改。

⑤“邓川州驿”，底本脱“州”字，据《寰宇志》卷一一一、《明会典》卷一四六补。

九十里至澂江府[①]。七十里**通海驿**。临安府通海县[②]。五十里至**曲江驿**。属建水州。八十里**临安府建水州新建驿**。八十里**宝秀驿**。石屏州。二百里**元江府因远驿**。

本省东南至广西府、广南府路

云南府。七十里**汤池驿**。宜良县。七十里**和摩驿**。属徵江府路南州。八十里**普陀驿**。九十里**广西府在城驿**。八十里**英武驿**。六十里**福德驿**[③]。六十里**发助驿**。六十里**高来驿**。六十里**花架驿**。属广南府。一百里**速为驿**。属广南。六十里**广南府在城驿**。广西安隆长官司界。

二四　四川布政司至所属府

成都府至松潘卫、茂州、眉州、嘉定州[④]、叙州府、马湖府、泸州、重庆府、夔州府。详卷七之一。

重庆府西北至成都府路

重庆府朝天驿。六十里**白市驿**。六十里**来凤驿**。并巴县。百廿里**东皋驿**。永川县。一百里**峰高驿**。一百里**隆桥驿**。并荣昌县。一百里**安仁驿**。内江县。一百里**珠江驿**[⑤]。一百里**南津驿**。资阳县。百十里**阳安驿**。八十里**龙泉驿**。并简州[⑥]。五十里**成都府**。

重庆府北至潼川州路保宁府苍溪县附[⑦]。

本府。一百廿里**土陀驿**。巴县。一百廿里**合州合阳驿**。一百廿里**太平**

---

①“澂”，底本作“徵”，据《纪要》卷一一五、《明史·地理志》改。

②“安”，底本作“江”，据《明会典》卷一四六、《明史·地理志》改。

③“福”，底本同，《纪要》卷一一五作“六”。

④“嘉”，底本作“加”，据《明会典》卷一四六、《明史·地理志》改。

⑤“珠”，底本作“味”，据《寰宇志》卷六一、《纪要》卷六七改。

⑥“州”，底本作“县”，据《明会典》卷一四六、《明史·地理志》改。

⑦“苍”，底本作“仓”，据《明会典》卷一四六、《明史·地理志》改。下同。

驿。定远县。一百六十里平滩驿。岳池县。百廿里顺庆府嘉陵驿。一百廿里蓬州龙溪驿。百廿里盘龙驿。西六十里至保宁府,又四十里至苍溪县。产黄丝。南六十里隆山驿。六十里柳边驿。南部县。六十里富村驿。六十里云溪驿。盐亭县。六十里秋林驿。六十里至潼川州。

成都府北至龙州路

锦官驿。六十五里新都驿。新都县。六十里广汉驿。汉州。六十里古店驿。六十里五城驿。属潼川州中江县。六十里建宁驿。六十里潼川州皇华驿。一百八十里金山驿。绵州。一百八十里西平驿。江油县[①]。九十里武平驿。一百里青川千户所古城驿。一百廿里龙州小溪驿。涪江源发于此。北至陕西文县界。

成都府西南至会川卫路

锦官驿。百三十里唐安驿。崇庆州。百十里白鹤驿。邛州。一百廿里百丈驿。雅州名山县。百廿里雅州雅安驿。百廿里新店驿。八十里箐口驿[②]。并属荥经县[③]。百廿里黎州沉黎驿。百四十里河南驿。百廿里镇西驿。八十里利济驿。并属越嶲卫。八十里邛部州龙泉驿。百廿里泸沽驿。马湖府之西八百里。南七十里溪龙驿。六十里建昌卫泸川驿。六十里禄马驿。百廿里阿用驿。七十里白水驿。七十里巴松驿。七十里大龙驿。并属会川卫。五十里会川卫。

孔明擒孟获,在泸沽西百里,今宁番卫乃孟获巢穴。泸水南流千里,至会川卫又北流千余里,至叙州府入川江。极佳杉、枋板,产于建昌卫。

---

①“油”,底本作“由”,据《明会典》卷一四六、《明史·地理志》改。

②“箐”,底本作“篑”,据《寰宇志》卷六八、《明会典》卷一四六改。

③“经”,底本作“泾”,据《明会典》卷一四六、《纪要》卷七二改。

二五　陕西布政司至所属府

西安府西由各府至河州卫路

京兆驿。五十里渭水驿。咸阳县。五十里白渠驿。兴平县。四十里长宁驿。四十里郃城驿。武功县。五十里凤泉驿。扶风县。六十里岐周驿。岐山县。五十里凤翔府。南去汉中府。西七十里汧阳县①。九十里陇州。四十里寒衣关。石嘴关。共八十里。盘龙铺九十里清水县。九十里涉水屏。五十里秦州。伏羲画卦台在本州。三十里至三十里店。八十里伏羌县。一百里宁远县。一百里巩昌府通远驿。九十里庆平驿。一百十里临洮府洮阳驿。百廿里和政驿②。六十里河州卫凤林驿。茶马司一。

本司东北由延安府至榆林镇、黄甫川路

西安府。九十里建忠驿③。三原县。九十里顺义驿。耀州。七十里漆水驿。同官县。九十里云阳驿。宜君县。七十里翟道驿。中部县④。七十五里三川驿。属鄜州。六十五里鄜城驿。鄜州。九十五里抚安驿。甘泉县。九十五里延安府肤施县金明驿。甘谷驿⑤。延长县。文安驿。属延川县⑥。石嘴岔驿。清涧县。米脂县。四十里碎金镇。共八十里。鱼河堡。四十里归德堡。三十里榆林镇。东三十里长乐堡。四十里双山堡。四十里建安堡。四十里高家堡。四十里柏林堡。十五里大柏油堡。三十里神木堡。四十里永兴堡。四十里镇羌堡。四十里孤山堡。四十里木瓜园堡。四十里清水营。十五里黄甫川。东九里至黄河，渡娘娘滩，去山西偏头关。

---

①“阳”，底本作“洋”，据《寰宇志》卷九四、《纪要》卷五二改。

②“政”，底本作“平”，据《寰宇志》卷一〇〇、《纪要》卷六〇改。

③“忠”，底本作“平”，据《寰宇志》卷九二、《纪要》卷五三改。

④“部”，底本作“都”，据《寰宇志》卷九八、《纪要》卷五二改。

⑤“甘谷驿”，《寰宇志》卷九八、《明会典》卷一四六作“干谷驿”，《纪要》卷五七作“甘谷驿”，又引《通志》作“于谷驿”。

⑥“延”，底本作“巡”，据《寰宇志》卷九八、《纪要》卷五七改。

延安府西北由庆阳府至宁夏镇路

金明驿。七十里张村驿。七十里隆益镇驿。并属鄜州。六十里邵庄驿。七十里宋庄驿。并属合水县。六十里合水县。七十里庆阳府。本府至宁夏镇。详卷六之一。

巩昌府西南至洮州卫路

通远驿。九十里三岔驿[①]。七十里酒店子驿。八十里岷州卫岷山驿。四十五里西津驿。九十里洮州卫洮州驿。茶马司一。

巩昌府西北至兰州路

通远驿。一百八十里延寿驿。安定县。六十里秤钩湾驿[②]。六十里清水驿。七十里定远驿。五十里兰州兰泉驿。西去甘肃、西宁等卫,详卷四之五、之七。

至平凉府、固原镇、宁夏中卫路

本司至邠州。详卷七之一。邠州。六十里灵台县。九十里泾州。七十里崇信县。八十里平凉府。一百里固原镇。百廿里镇戎千户所。九十里平虏千户所。四十里下马关。四十里甜水堡。属环县守备。□□里宁夏中卫。本司至汉中府路,详卷一之四。

陕西茶马司三,洮州卫、河州卫、西宁卫各一。

国初,制金牌四十一面,上号藏内府,下号降各番,三年一次,差官捧牌,以茶易番马。上马酬茶一百二十斤,中马七十斤,下马五十斤。成化十五年,令巡茶御史不拘年例,愿来者听。法起于唐,牧于官。至宋,牧于民。国朝因之。盐马在腹内,灵州大小二盐池,西和、漳县二盐井,召商纳马支盐,上马一百引,中马八十引,以备各边骑征。兰州至西宁卫,详卷四之五。

---

① “三”,底本作“山”,据《明会典》卷一四六、《纪要》卷五九改。

② “秤钩湾驿”,底本脱“湾”字,据《寰宇志》卷九七、《明会典》卷一四六补。

二六　广东布政司至所属府

本司至肇庆府水

广州府至肇庆府、德庆州、广西梧州府，详卷七之十一。

本司至潮、惠二府路水，详卷之七。

五羊驿。百里乌石驿。六十里增江驿。并增城县。一百里沙河驿。博罗县。一百里惠州府欣乐驿。八十里平山驿。七十里平政驿。并属归善县。八十里平安驿。海丰县。七十里南丰驿。八十里东海滘驿。八十里惠来县大陂驿[①]。八十里北山驿。五十五里武宁驿。六十里灵山驿。潮阳县。七十里桃山驿。揭阳县。七十里潮州府海阳县凤城驿。

本司由各府至崖州路

广州府。八十里官窑驿。四十里西南驿。四十里肇庆府高要县松台驿。产端砚。八十里腰古驿。五十里新昌驿。七十五里独鹤驿。并属高要。八十五里恩平驿。七十里莲塘驿。六十里西平驿。六十里阳春县乐安驿。六十里太平驿。阳江县。六十里立石驿。电白县一百里那夏驿。茂名县。七十里高州府茂名县古潘驿。西去廉州府。南九十里陵水驿。化州。一百十里新和驿。石城县。一百里桐油驿。遂溪县。六十里城月驿。属遂溪。九十里雷州府海康县雷阳驿。六十里将军驿。属海康。七十里英利驿。一百里沓磊驿。并属徐闻县。渡海。广六十里白沙驿。属琼山。十里琼州府琼山县琼台驿。东去万州。西四十里西峰驿。澄迈县。七十里朱崖驿。临高县。六十里归善驿。儋州。四十里儋州古儋驿。四十里田头驿。西十里大村驿。三十里大员驿。并属儋州。四十里昌江驿。昌化县。南四十里大南驿。七十里县门驿。感恩县。八十里甘泉驿。八十里义宁驿。东六十里德化驿。并属崖州。一百里崖州潮源驿。广东城至此二千五百五十里，东去陵水县陆路三百里[②]。

---

①“陂”，底本作“坡”，据《明会典》卷一四六、《纪要》卷一〇三改。

②“陵”，底本作“凌”，据《寰宇志》卷一〇六、《明会典》卷一四六改。

琼州府东去万州路

本府。东七十里宾宰驿。四十里文昌驿。四十里长岐驿。并属文昌县。五十五里永丰驿。会同县。四十里温泉驿。四十五里多陈驿。属万州。四十里万州万全驿。西一百里陵水县。

高州府至廉州府路

本府。八十里息安驿。石城县。九十里白石驿。石康县。九十里廉州府合浦县环珠驿。广州府至此一千五百十五里。

广州府至南雄、韶州二府。详卷一之二。

广东城至雷州府，渡海六十里，至白沙港登岸，十里至琼州府。四面皆海，中有五指山，生黎人、生葦人巢穴。本府东去万州，西去儋州，折南至崖州，一府三州十县，环五指山之外，惟崖州陵水县在五指之极南也。南京至琼州府六千六百五十五里。本省飘海而去，顺风两日至琼州府。在城海南卫。

二七　广西布政司至所属府

本司由各府至思明府水

桂林府。下水，八十里南亭驿。属临桂。三十里古祚驿[①]。阳朔县。八十里昭潭驿。九十里广运驿。属平乐县。七十里昭平驿。七十里平乐府平乐县龙门驿。八十里龙江驿。属苍梧。八十里梧州府苍梧县两广都御史驻札。入柳江，上水，西一百廿里藤江驿。藤县。三十里黄丹驿。四十里乌江驿。平南县。九十里牛屎湾堡。九十里浔州府桂平县府门驿。入右江，一百二十里东津驿。八十里怀泽驿。一百三十里香江驿。并属贵县。六十里乌蛮驿。四十里横州州门驿。八十里火烟驿。八十里永淳驿。四十里黄范驿。宣化

① “祚”，底本作“柞”，据《寰宇志》卷一〇七、《纪要》卷一〇七改。

县。七十里南宁府建武驿。七十里大滩驿。四十里罗阳县陇茗驿。七十里左州驮朴驿。九十里太平府左江驿。八十里镫勒驿。西六十里至龙州。南一百三十里思明府明江驿。本省至南宁府,陆路详卷之八。

本司至柳州府、庆远府路

桂林府。六十里苏桥驿。属临桂县。四十五里三里驿。三十五里兰麻驿。廿五里横塘驿。并属永福县。百廿里大分驿。一百廿里江口驿。并洛容县。一百廿里云腾驿。八十里雷塘驿。马平县。七十里柳州府马平县东江驿。六十里罗思驿。并属柳城县。五十里大曹驿。属宜山。五十里庆远府宜山县宜阳驿。瑶贼恶甚,水陆往来皆难。

柳州府至田州府、泗城州路

本府。一百三十里象州象台驿。百廿里在城驿[①]。来宾县。八十里清水驿。属宾州。八十里宾州在城驿。九十里黄范驿。属宣化县。八十里朱砂驿。七十里白石驿。并属武缘县。六十里禄祥驿。七十里慕化驿。七十里驮淮驿[②]。七十里平马驿。并属田州府。七十里田州府横山驿。九十里戎庄驿。六十里归乐驿。六十里往甸驿。并属泗城州。七十里泗城州。至南京七千六百里,至北京一万一千四十五里。

桂林府至横州、南丹州、那地州、东兰州、宾州、柳州府、南宁府、郁林州等处陆路,并详八卷十七之二十一。浔州府至象州、柳州府、庆远府水,详卷七之十二。瑶贼恶甚,水陆皆难。

二八　浙江布政司至所属府

至温、台、宁、绍四府水陆

杭州府武林驿。廿五里浙江水驿。属钱塘县。渡浙江,广十八里至西兴

---

①“在城”，底本作“来宾”，据《寰宇志》卷一〇七、《纪要》卷一〇九改。

②“驮淮”，底本作“献准”，据《寰宇志》卷一一〇、《明会典》卷一四六改。

驿。属萧山县。五十里钱清驿。今革。五十里绍兴府山阴县会稽县蓬莱驿。八十里东关驿。渡曹娥江。十里曹娥驿。今革。属上虞县。九十里姚江驿。余姚县。六十里车厩驿。属宁波。六十里宁波府鄞县四明驿。百廿里连山驿。陆路。六十里西店驿。并属奉化县。六十里白峤驿。六十里桑洲驿。六十里朱家岙驿①。并属宁海县。六十里台州府临海县赤城驿。六十里丹崖驿。黄岩县。六十里岭店驿。五十五里窑岙岭驿②。在芙蓉岭下。六十里乐清县西皋驿。水。四十里馆头驿。并属乐清县。六十里温州府永嘉县象浦驿。至天台、雁荡二山，详卷七之三十八。

本司至嘉兴等府水

杭州府至嘉兴府、严州府、兰溪县、衢州府。详卷之一。

兰溪县至处州府路

兰溪县瀔水驿。五十里金华府金华县双溪驿。五十五里茭道驿。武义县。五十五里华溪驿。永康县。八十里丹峰驿。缙云县。九十里处州府丽水县括苍驿③。由东阳县陆路至本府，详卷八之九。

本司至湖州府水

武林驿。十里北新关。五十里武林港。四十里瀲山。四十里菱湖。四十里湖州府归安县、乌程县苕溪驿。

二九　福建布政司至所属府

本司至建宁、延平二府。详卷一之二。

①“岙”，底本作“奥”，据《明会典》卷一四五、《纪要》卷九二改。
②“岙”，底本作“奥”，据《明会典》卷一四五、《纪要》卷九二改。
③“苍”，底本作“仓”，据《寰宇志》卷三三、《纪要》卷九二改。

延平府至汀州府路

本府南平县剑浦驿。六十里王台驿[①]。属南平。六十里双峰驿。顺昌县。一百里三华驿。六十五里白莲驿。并属将乐县。六十五里明溪驿。归化县。六十里玉华驿。四十里九龙驿。并属清流县。七十里石牛驿。属宁化县。六十里馆前驿。属长汀。七十里汀州府长汀县临汀驿。

延平府至邵武府水

剑浦驿。六十里王台驿。六十里双峰驿。六十里富屯驿。并属顺昌县。六十里拿口驿[②]。邵武县。八十里邵武府邵武县樵川驿。

本司至漳州等府水

福州府三山驿。百里大田驿。属闽县。四十五里宏路驿[③]。四十五里蒜岭驿。并福清县。六十里兴化府莆田县莆阳驿。六十里枫亭驿。仙游县。五十里锦田驿。惠安县。五十里泉州府晋江县晋安驿[④]。五十里康店驿。南安县。七十里大轮驿。六十里深青驿[⑤]。并同安县。五十里江东驿。龙溪县。四十里漳州府龙溪县丹霞驿。南京至此三千五百廿里。

崇安县至福州府,陆路岐岖有虎,水路多滩,船小。滩洪缓急详卷之七。求梦九鲤湖在兴化府西七十里,秋冬可往,春夏涧水难行。

三〇　贵州布政司至所属府

本司东至镇远府路。详卷一之五。

至思州等府路

本司至思州、思南、石阡、铜仁四府,俱在镇远府北三百里之内,

---

①"王",底本作"玉",据《明会典》卷一四五、《纪要》卷九七改。下同。

②"拿",底本作"金",据《寰宇志》卷四七、《纪要》卷九八改。

③"宏",底本作"横",据《明会典》卷一四五、《纪要》卷九六改。

④"安",底本作"江",据《寰宇志》卷四六、《纪要》卷九九改。

⑤"青",底本作"清",据《寰宇志》卷四六、《明会典》卷一四五改。

惟黎平府在镇远之东南。由沅州罗旧驿、靖州、铜鼓卫而去[1]，详卷七。自镇远之西，皆军卫。都匀府在平越卫南二百里，程番府在本司南一百里，并详卷一之五。

三一　河南布政司至所属府

开封府至汝宁府、许州。详卷一之三。

开封府至磁州、彰德、卫辉、怀庆、河南四府、陕州路。详卷一之四。

本司至南阳府路

开封府一百四十里至郑州，本州至裕州、南阳府。详卷一之五。

开封府至归德府路。详卷二之九。

三二　山东布政司至所属府

至青州府路

济南府历城县龙山镇驿[2]。五十里章丘县。七十里邹平县。廿里长山县。七十里金岭镇。三十五里滋和村。三十里青州府。七十里昌乐县。五十里潍县[3]。一百八十里平度州[4]。百里莱州府掖县城南驿。六十里朱桥驿。并掖县。六十里黄山驿。六十里龙山驿。并属黄县。六十里登州府蓬莱县蓬莱驿。

本司至东昌府。详卷一之一。

①“鼓”，底本作“古”，据《纪要》卷二〇、《明史·地理志》改。

②“龙山镇驿”，底本脱“镇”字，据《寰宇志》卷七一、《清统志》卷一六三补。

③“潍”，底本作“维”，据《纪要》卷三〇、《明史·地理志》改。

④“度”，底本作“渡”，据《纪要》卷三〇、《明史·地理志》改。

卷四　各边路

一　开原城由山海关至北京路

辽东边路

东起开原城[①]，由辽阳镇、广宁城至山海关，自开原至辽阳镇城固无忧，辽阳至山海常有零虏贼，登台可防。北有角山，南尽海洋，因名山海关。是关魏国徐公达所设，今兵部主事驻扎，极严谨，且险隘。遣出者，不粮不征，千无一还，非若别关可比也。

开原城。北至边城，东至海。东路参将、马市官驻扎。西九十里**三万卫驿**[②]。九十里**嚚州驿**。九十里**懿路驿**。六十里**沈阳卫在城驿**。一百廿里**辽阳镇**。六十里**鞍山驿**。九十里**海州卫在城驿**。九十里**牛家庄驿**。八十里**沙岭驿**。七十里**广宁城板桥驿**。镇、巡、三堂通判、经历各一。七十里**十三山驿**。八十里**小凌河驿**。六十里**杏山驿**[③]。六十里**连山驿**。六十里**曹家庄驿**。六十里**东关驿**。六十里**沙河驿**。六十里**高岭驿**。六十里**山海关、迁安驿**。六十里**榆**

---

①“开原城”，底本作“开原卫”，按明代未置“开原卫”，《九边考》卷首《九边图》作“开原城”，《九边图说·辽东镇分图》：“开原城内，有三万、辽海二卫。”据改。下同。

②“三万卫驿”，《辽东志》卷二、《全辽志》卷一惟载“开原在城驿”，未载“三万卫驿”。而《广志绎》卷一列举山海关外十九驿中有此驿。

③“杏山驿”，《全辽志》卷一同，《九边考》卷二作“杏山儿驿”，《辽东志》卷二作“杏儿站”。

关驿。六十里卢峰驿[①]。抚宁县。六十里永平府滦河驿。六十里七家岭驿。七十里义丰驿。丰润县[②]。六十里永济驿。六十里阳樊驿。玉田县。六十里渔阳驿[③]。五十里三河县三河驿。五十里通州潞河驿。四十里至北京城。

二　山海关由蓟州至撞道口路

蓟州边路总督辽蓟都御史一，驻蓟州。巡抚都御史一，驻遵化。将军总兵一，驻密云。

山海卫迁安驿。北水关。旱门关。角山关。三道关。寺儿谷关。一片石关。庙山口关。大安口关。西阳口关。黄土岭关。坑儿谷堡。无名口关。大青山口关[④]。小河口关。小毛山口关。内娃娃谷堡。大毛山口关。董家口关。城子谷关。内长谷驻操营。水门寺关。内牛头崖口营。平顶谷关。长谷口关。榆关驿[⑤]。板场谷关。义院口关[⑥]。内平山营、石门寨营。拿子谷关。花场谷关[⑦]。细谷口关。抚宁县卢峰驿。苇子谷关。柳罐谷堡。孤石谷堡[⑧]。温泉堡。甘泉堡。星星谷关。桑岔谷关。中庵堡[⑨]。箭杆岭关。界岭口关。内界岭驻操营。

---

①“卢峰驿”，《九边考》卷三、《纪要》卷一七作“卢峰口驿”。

②“润”，底本作“闰”，据《明会典》卷一四五、《纪要》卷一〇改。

③“渔”，底本作“滦”，《九边图说·蓟镇分图》作“渔”，《九边考》卷三：“渔阳驿六十里至阳樊驿。”据改。

④“大青山口关”，底本脱“山”字，据《九边图说·蓟镇分图》、《清统志》卷二〇补。

⑤“榆关驿”，底本“关”作“林”，《广志绎》卷一同，据《寰宇志》卷三、《九边图说·蓟镇分图》、《纪要》卷一七改。

⑥“院”，底本作“县”，据《寰宇志》卷三、《纪要》卷一七改。

⑦“花”，底本作“草”，据《九边图说·蓟镇分图》、《纪要》卷一七改。

⑧“柳罐谷堡孤石谷堡”，底本脱，《九边图说·蓟镇分图》有“柳罐谷堡孤石谷堡”，《长城关堡录》（以下简称《关堡录》）卷一有“柳罐峪关孤石峪”，据补。

⑨“中庵堡”，底本脱，据《九边图说·蓟镇分图》、《关堡录》卷一补。

罗汉洞关[①]。青山口关。东胜寨。乾涧儿口关。重谷口关。内燕河营。梧桐谷堡。桃林口关。桃林营。永平府滦河驿。正水谷关。孤窑儿寨。正佛儿寨[②]。刘家营。新桥海口营。刘家口关。徐流口关。开平中屯卫。河流口关。徐流营。冷口关。建昌营。石门子关。白道子关。迁安县。兴州右屯卫。白羊谷关。七家岭驿。五重安关。新开岭关。内五重安营。洪谷口关。擦崖子关。城子岭关。内太平寨营。大岭寨。烂柴沟寨。榆木岭关[③]。内青山驻操营二。青山口关。横山寨。董家口关。游乡口关。胜岭寨。铁门关。李家谷关[④]。椴木谷关。石梯子寨。古城驿。大喜峰口关。小喜峰口关。滦阳营。团亭寨。潘家口关。东常谷关。西常谷关。汉儿庄营。三台山关。龙井儿关。三屯营。滦阳驿。张家安寨[⑤]。椽八谷寨[⑥]。廖家谷寨。洪山口关。内松棚谷营。西安谷寨。白枣谷寨。三道岭寨。兴州前屯卫、丰润县。义丰驿。天胜寨。捨身台寨。马蹄谷寨。蔡家谷寨。秋科谷寨。于家谷关[⑦]。罗文谷关。遵化县、卫、驿。罗文谷营。猫儿谷寨。山寨谷关。沙坡谷关。沙坡谷营。山口寨。石崖岭寨。冷嘴头关。龙池谷寨。井儿谷寨。大安口关。大安口营。琵琶谷寨。沙岭儿寨。鲇鱼石关、营。兴州左屯卫、玉田县。平山顶寨。阳樊驿。马兰峪关营[⑧]。独松谷寨。石门镇驿。峰台岭寨。龙洞谷关。宽佃谷关。饿老婆顶寨。耻瞎谷寨。古强谷关。

---

①“汉”，底本作“冲”，据《九边图说·蓟镇分图》、《关堡录》卷一改。

②“正佛儿寨”，《九边图说·蓟镇分图》作“正佛儿谷寨”，《关堡录》卷一作“佛儿峪寨”。

③“木”，底本作“林”，据《九边图说·蓟镇分图》、《纪要》卷一七改。

④“李”，底本作“学”，据《九边图说·蓟镇分图》、《关堡录》卷一改。

⑤“安”，底本作“湾”，据《九边图说·蓟镇分图》、《关堡录》卷一改。

⑥“椽八谷寨”，底本脱“椽”字，据《九边图说·蓟镇分图》、《关堡录》卷一补。

⑦“于家谷关”，《九边图说·蓟镇分图》“于”作“千”，《关堡录》卷一“谷”作“峪”。

⑧“峪”，底本作“营”，据《纪要》卷一一、《关堡录》卷一改。

蚕椽谷寨。青山岭寨。太平安寨。小平安寨。车道谷寨[1]。黄崖口关。黄崖口营。蓟州、蓟州卫、镇朔卫、营州右屯卫。并附郭。渔阳驿。

本州之西，边墙三重

外一重边墙各关寨

蓟州城。黑谷关。烧香谷寨[2]。水谷寨。汉儿岭关[3]。大角谷寨。曹家寨营。倒班岭寨。师姑谷寨。釟头崖寨。梧桐安寨。齐头崖寨。柏岭安寨。将军台寨。卢家安寨[4]。鸦鹘安寨。司马台寨。丫髻山寨。沙岭儿寨。砖垛子关。

中二重边墙各关寨

蓟州城。峰台谷寨。南谷寨。恶谷寨。遥乔谷寨。大虫谷寨。大水洼寨。苏家谷寨。姜毛谷寨。石塘谷寨[5]。小台儿寨[6]。大黄崖关。小黄崖关。磨刀谷寨。墙子岭营、关。司马台营。南谷寨。对外重丫髻山寨。

内三重边墙各关寨

蓟州城。彰作里关。将军石关、营。黑水湾寨。黄松谷关。峨嵋山寨营[7]。鱼子山寨。熊儿谷寨。营州中屯卫、平谷县。南水谷关。熊儿谷营。北水谷关。兴州后屯卫、三河县、三河驿。灰谷口寨。黄门口关。猪圈头营。

营州前屯卫、香河县。

---

①“车道谷寨”，底本脱，据《九边图说·蓟镇分图》、《关堡录》卷一补。

②“香”，底本作“灰”，据《九边图说·蓟镇分图》、《关堡录》卷一改。

③“汉儿岭关”，底本叙列于“大角谷寨”后，据《九边图说·蓟镇分图》、《关堡录》卷一改。

④“卢”，底本作“芦”，“安”，底本作“谷”，并据《九边图说·蓟镇分图》、《关堡录》卷一改。

⑤“塘”，底本作“堂”，据《九边图说·蓟镇分图》、《关堡录》卷一改。

⑥“小台儿寨”，底本脱，据《九边图说·蓟镇分图》、《关堡录》卷一补。

⑦“峨嵋”，底本作“娥眉”，据《九边图说·蓟镇分图》、《关堡录》卷一改。

右边墙三重，至此又合为一

桃儿冲寨。接外重砖朵子关。狗儿洞寨。龙王谷关。五里垜寨[①]。砦子谷寨[②]。师城谷寨。古北口关、密云后卫[③]、古北口营。潮河川新营。令公庙。花楼子寨。潮河第一寨。内石匣营。第三寨。第五寨。潮河川营[④]。石匣驿。第六寨。第七寨。潮河川关。吊马谷寨。乍谷关。陡道谷寨。蚕房谷寨。陈家谷关。东驼骨关[⑤]。西驼骨关。左二关。向水谷关。白马关。内白马营。划车岭寨[⑥]。白崖口关。冯家谷关。营城岭关。黄崖口关。密云中卫。密云县、密云驿、振武营并附郭。石塘岭关。石塘岭营。东石城关。西石城关[⑦]。东水谷关。大良谷寨。白道谷关。牛盆谷关。小水谷关。大水谷关。大水谷营。河防口关[⑧]。神堂谷关。顺义县、营州左屯卫。幵连口关。内怀柔县。墓田谷关。贾儿岭口。田仙谷口。内渤海所。擦石口。磨石口。驴鞍岭口。大榛谷口。南冶口。大长谷口。小长谷口。黄花镇。黄花镇口。二里至居庸关撞道口。

右蓟州边各寨关口，路倚山补筑，边墙参差不齐，难以里计驿。道自山海关迁安驿至顺义县，凡十六驿，每程六十里，各驿复列于下：

山海关迁安驿。榆关驿[⑨]。芦峰驿。滦河驿。七家岭驿。古城驿。滦阳驿。义丰驿。遵化驿。阳樊驿。石门镇驿。渔阳驿。三河驿。

---

①“垜”，底本作“朵”，据《九边图说·蓟镇分图》、《关堡录》卷一改。
②“砦”，底本作“普”，据《九边图说·蓟镇分图》、《关堡录》卷一改。
③“密”，底本作“蜜”，据《九边图说·蓟镇分图》、《关堡录》卷一改。
④“潮河川营”，底本脱“川”字，据《九边图说·蓟镇分图》、《明史·地理志》补。
⑤“驼”，底本作“陀”，据《九边图说·蓟镇分图》、《关堡录》卷一改。下同。
⑥“车”，底本作“平”，据《九边图说·蓟镇分图》、《关堡录》卷一改。
⑦“西石城关”，底本脱，据《九边图说·蓟镇分图》、《关堡录》卷一改。
⑧“防”，底本作“坊”，据《九边图说·蓟镇分图》、《关堡录》卷一改。
⑨“关”，底本作“林”，据《九边图说·蓟镇分图》、《九边考》卷三改。

至北京九十里。石匣驿。密云驿。顺义县。

三 内三关外重边墙各口路居庸隶蓟州。倒马、紫荆隶保定。

内三关边路巡抚都御史一，镇守总兵一，驻保定。巡按居庸等关监察御史一，驻京师。

居庸、紫荆、倒马三关，在山西大同之东南，乃宣府之正南，北京之右辅也，为内三关。雁门、宁武、偏头为外三关，属山西大同，在内三关之西北，脉自雁门，乱山横迤，为北京、山西之界，倚山势凑筑边墙，大道为关，小道为口，有人马并通者，有止通人者，缓急不同耳。内三关边城，大势两重，要紧处就山坑补筑，两三重者有之，大边亦然，惟山海至开原长城无山。北京至内三关，内有驿道，详卷一之六，不必由各口，城随山筑，委曲绕远矣。

居庸关。二十五里青龙桥东口。四里八达岭。南十七里上关堡。四里青龙桥西口[①]。十三里黄土岭口。三十五里石峡石。三十五里石缝口。十五里鹿角湾口。十五里清泉口。五里白羊口。三十五里马刨泉口。廿二里长谷城。十二里膰干谷口。八里横岭口。西三十里至镇边城。南十里北港口。十里东北街口。西北街口。熊儿谷口。牛膝谷口。白崖子口。北石羊口。二里南石羊口。西四十里河合口。九十里沿河口。属紫荆关。三里石港口。五里东小龙门口。廿里天津关口。廿五里东龙门口。一里天桥口。三里乾涧口。十五里黎园岭口。廿五里天门关口。一里洪水口。十五里西小龙门口。十五里段口。十五里马头崖口。十五里石峨口。一里兰芳口。十五里黄石崖口。三里鹿角口。五里窠涧口。五里北将军石口。十里南将军石口。大龙门口。十里石龙安口。十里马水口。三十里

①"青龙桥西口"，底本脱"桥"字，据《九边图说·蓟镇分图》、《关堡录》卷二补。

定乐安口。三十里独石口。七里大谷口。廿五里道水口。十里柏连涧口。廿五里齐仲口。廿里石塘口。五里金水谷口。蔡家谷口。三里龙堂口。十五里周二沟口。十五里盘石口。南十里紫荆关。北十五里盘石驿。廿五里塔崖驿。三十里虎张石口。乌龙沟口。三里炮架沟口。七里至腰石口。十里煤窑口。七里双陀儿沟口。五里忙儿沟口。外一百五十里至山西蔚州。南十里长岭儿口。八里长桥沟口。十里天桥沟口。十里浮图谷口。三十里广昌县。三十里插箭岭口。三十里虎伏沟口。三十里窑谷沟口。八里跌马崖口。十里白道安口。西四十里狼牙口。

右居庸关起,外重边墙各口路,山势止于狼牙口。至于倒马关内重边墙,法巷沟口又合为一。

内三关内二重边墙各口子路

撞道口。东至蓟州黄花镇二里。西二里石湖谷口。二里西水谷口。三十里石城口。五里枣园寨。十里门家谷口。南三十里,由天寿山去昌平州。西三里灰岭口。三里贤庄口。十里锥石口。五里雁门口。五里德胜口。廿五里虎谷口。十四里

居庸关东一百里至黄花镇,西一百五十里至紫荆关、沿河口,南一百二十里至北京,北八十里至怀来城。西一里小岭口。三里西水关。南十二里汤谷口。四里水谷口。五里长水谷口。四里潭谷口。三里小谷口。二里苏林口。五里黑浙涧口。二里小枯将口。二里大枯将口。二里白羊堡。五里柏谷口。南至北京八十里。西三里水谷台口。三里胜仙谷口。三里大水谷口。三里小水谷口。二里石涧口。一里跳稍口。五里水涧口。三里鳌鱼口。二里溜石港。三里灰关口。四里新开口。南十里高崖口。西十里乾石涧口。十里白瀑口。五里董家口。五里小陵谷口。五里方良口。三里常谷口。十里镇边城。五里长城口。三里北石羊口。二里南石羊口。北五十里至幽州。南三里旁路口。廿七里坚子谷口。西十五里沿河口。属紫荆。廿里王平口。一百廿里乌龙潭口。内至涿州。西八十里黄山店口。内至房山县三十里。西

六十里大谷口。三十里乾河口。南四十里至涞水县。四十里白马湾口。五十里马头崖口。南三十里至易州。西四十里沙谷口。三十里峰门岭口。四十里奇峰口。十五里东谷口。五里官庄岭。五里官庄岭口。廿里至

紫荆关。十里盘石口。二里瓦窑口。三十里小龙门口。三十里黄沙口。廿五里水谷口。廿里鹰捕岭口。廿里五虎岭口。十里银山口。十里坟茔台口。廿里门关口。八里聂门口。十里黄土岭口。廿里烟勳崖口。四十里葫核口。廿里白石口。西廿里至插箭岭。南六十里至玉河安口。内至唐县一百五十里。西十里周家堡口。十五里营沟口。三十里柳角安口。北五十里至插箭岭。南十五里至

倒马关下城。南至龙泉关一百五十里。北五里至上城。南六十里军城。十里夹马石口[①]。小关城口。岳岭口。白道安口。内至曲阳县。狼牙口。外城至此合为一。至灵丘县一百廿里。西七里法巷沟口。三里梧桐树口。旧古道口。三里新古道口。五里乱树林口。六里柴□岭口。内至定州。黄草安口。六岭口。廿里东灵沟口、金龙洞口。黄草安口至此三十里。又十里牛粪口。内九十里至阜平县。廿里落路口。倒马关至此一百里。南天门口。即洛路口外门。龙王堂口。八里义安岭口。蒸饼石口。十里漆林沟口、火石城口。五里灰安岭口。十里铜绿崖口。廿里东铁岭口。铁岭口。十里门罕岭口。廿里黍查口。三十里香炉石口。艾叶口。葛沟城口。十里扬洪口。五里下竿岭口。十里上竿岭口。青扬沟口。龙门岭口。五里骡子潭口。五里郓麻岭口。廿里吴王口。三十里鱼儿橦口。五里夹耳安口。龙窝沟口。十里羊马楼口。五里高石堂口。十里闲驴台口。十五里黑沟崖口。廿里八答安口。盘道岭口。黄土坡口。五里印钞口。旧路岭口。十五里

---

① “夹马石口”，底本脱“马”字，据《关堡录》卷二补。底本“石”作“安”，据《关堡录》卷二改。

龙泉上关。外至五台一百八十里。南二十里下龙泉关。东至阜平县五十里，北至倒马关一百七十里。各瞭沟口。三十里青竿岭口。三十里阳和门口。十五里三关子口。廿里白草沟口。车孤它口。十五里沙岭口。鹞子岭口。十五里鹞子崖口。十五里至道安口。孤榆树口。道安口。廿里陡岭口。彻箭岭口。廿里桑园沟口。四十里神堂口。廿里石盆口。北黑山口。西至五台一百五十里。南二十里白羊平口。五里白羊口。灵寿县。二里确窝口。四十里宋家谷口。十里恶石口。十里马圈口。十里寨门。十里米业沟口。瓦岔谷口。十里拨龙回口。廿里南黑山口。内至平山县一百四十里。南十里十八盘口。三十里井子谷口。八里黄安岭口。十里清风口。内至真定府。又廿里达滴涯口。十里牛道岭口。四十里横河漕口。五十里驴桥岭口。三十里娘子关。十五里乏驴岭口。三十里甘桃沟口。廿里猪屎沟口。廿五里苇泊岭口。十五里青草谷口。故关①。三十五里井陉县②。青草谷口内至元氏县六十里。南三十里至白城口。三十里黄沙岭口。廿里段里口。内五十里至赞皇县。南十里后沟口。至乐平县一百十里，至龙泉关五百一十里，至倒马关六百八十里。

四 北京由宣府、大同至偏头关路

宣府、大同边路

北京出德胜门，五十里榆河驿。五十里居庸关。八里岔道口。北四十二里至延庆州③。西六十里至榆林驿。三十里怀来城。五十五里土木驿。

---

①“故关”，《关堡录》卷二：苇箔岭口北至故关八十里。疑底本“故关”二字上脱“八十里至”四字。

②“三十五里井陉县”，《纪要》卷一四：井陉县西三十五里有故关。疑底本“三十五里”上脱“东”字。

③“延庆州”，底本“延”作“隆”，据地望推断，“隆庆州”系“延庆州”之误，据《纪要》卷一七、《明史·地理志》改。

保安新城。共五十五里鸡鸣驿。五十里宣府镇。宁远堡。张家口堡。共六十里。万全左卫。右卫。柴沟堡。新开口堡。渡口堡。西阳和堡。陈家堡。共一百廿里至天城卫。白羊口堡。鹧鸪谷堡。共六十里阳和城。六十里聚乐堡。二十里铺堡。迎恩堡。共四十里大同镇。南至雁门关三百里,详卷三之二十。石佛堡。高山堡。谬官人堡。共一百廿里大同左卫。六十里威远卫。南至宁武关二百里。西七十里平虏卫。防河堡。共七十里老营堡。小营儿堡。八柳树堡①。寺坞堡。马站堡。共一百五十里偏头关。禅林堡。楼子堡。罗圈堡。灰岭堡。唐家会堡②。五花堡。得马堡。共百四十里至黄河娘娘滩。九里至陕西黄甫川。

右路在二重边墙之内,巡抚、都御史、镇朔将军、总兵驻宣府。巡抚、赞理军务都御史、管粮郎中、征西将军驻大同。

五　黄甫川由各镇、卫至西宁卫路

陕西边路

黄甫川东九里至黄河,自此复入中国。西十五里清水营。四十里木瓜园堡。四十里孤山堡。四十里镇羌堡。四十里永兴堡。四十里神木堡。东路参将驻扎。立神木县,附堡。西三十里至大柏油堡。十五里柏林堡。四十里高家堡。四十里建安堡。四十里双山堡。四十里长乐堡。三十里榆林镇。本卫五所。镇巡三堂副总兵、管粮佥事驻扎。南三十里归德堡。西七十里向水堡。四十里波罗堡。四十里怀远堡。五十里威武堡。四十里清平堡。四十里龙州城。四十里镇靖堡。九十里靖边营。西路管粮佥事驻扎。西五十里宁塞营。三十里把都河堡。四十里永济堡。四十里新安边营。西路参将驻扎。西六十

① "八柳树堡",底本脱"树"字,据《九边图说·山西镇总图》、《纪要》卷四〇补。
② "唐家会堡",底本脱"会"字,据《九边图说·山西镇总图》、《纪要》卷四〇补。

里新兴堡。五十里石涝池堡。五十里三山堡。三十五里饶阳水堡。九十里至定边营。六十里花马池。宁夏设宁夏后卫,分守参将驻扎。西三十里安定堡。七十里兴武营。三十五里毛卜剌堡[①]。三十五里清水营。四十里红山堡。自宁塞堡至红山堡,俱在二边墙之内。新安边营墙外,有旧安边营旧营[②]。四十里横城堡。三里黄河。渡。镇远关。四十里贺兰山。宁夏镇庆阳王府、镇巡三堂副总兵、游击、管粮佥事驻扎。九十里南渡黄河。灵州四十里大沙井驿。四十里石沟驿。四十里盐池驿。一百廿里鸣沙州。北渡黄河。五里广武营。一百廿里宁夏中卫。北至边墙廿里。南至黄河十五里。参将驻扎。甜水堡。属环县守备。西四十里下马关。属固原。四十里平虏千户所。九十里镇戎千户所。南一百廿里至固原镇。总制军门、镇守总兵、兵备、游击、守备驻扎。西四十里黑水苑。九十里海剌都堡[③]。四十里西安州。四十里乾盐池堡[④]。五十里打剌赤堡。七十里靖虏卫。守备一。一百里平滩堡。九十一里条城堡[⑤]。一百里买子堡。靖虏至此,河冻。添兵。西六十里至兰州。北渡黄河。登岸,至金城关。西四十里安宁堡。三十里沙井驿。六十里苦水驿[⑥]。六十里红城子驿。四十里大通山口驿。四十里庄浪卫在城驿。西北去甘肃。西百六十

①“毛卜剌堡”，底本脱“剌”字，据《边政考》卷一《三边四镇图》、《九边图说·宁夏镇总图》补。

②“自宁塞堡至红山堡，俱在二边墙之内。新安边营墙外，有旧安边营旧营”，底本叙列于“饶阳水堡”下，今据上下文意改列于“红山堡”后。

③“海剌都堡”，底本脱“堡”字，据《九边考》卷一〇《固原边图》、《纪要》卷五八补。

④“乾盐池堡”，底本脱“堡”字，据《边政考》卷一《三边四镇图》、《纪要》卷五八补。

⑤“九十一里条城堡”，底本脱“一”、“堡”二字，并据《边政考》卷一《三边四镇图》、《九边考》卷一〇《固原边图》补。

⑥“苦水驿”，《九边考》卷九作“苦水湾驿”，《边政考》卷一《三边四镇图》作“苦水递运”，《纪要》卷六三作“苦水堡”。

里大通河驿[1]。八十里老鸦城驿。五十里碾伯驿[2]。六十里迭列逊。六十里西宁卫。西抵西番界,南至黄河积石关。分守参将一,茶马司一。

黄河自贺兰山之东北流出外夷,凡二千五百余里为河套,东至黄甫川复入中国,南流凡千八百里至蒲州,由河南、徐州、淮安入于海。榆林镇旧在绥德,今镇北三百里河套内。成化九年,都御史余子俊建议徙镇榆林堡,东起黄甫川,西至定边营,筑墙凡千二百里,横截河套之口,套内夷人住牧。《套图》见卷一。

六　庄浪卫至镇番卫路

庄浪卫。参将、参议各一。西北三十里武胜驿。四十里岔口驿。五十里镇羌驿。守备一。四十里打班堡。三十里黑松驿。三十里古浪千户所古浪驿。三十里双塔儿。四十里靖边驿。四十里大河驿。三十里凉州卫。三十里三岔驿。四十里蔡旗堡。六十里黑山驿。六十里镇番卫。守备一员。东北抵沙漠。

七　凉州卫由甘、肃二卫至嘉峪关路

凉州卫。四十里怀远驿[3]。四十里沙河驿。五十里真景驿。廿里永昌卫。游击、将军、守备各一员。廿里水磨川。四十里水泉儿驿。五十里石峡

① “大通河驿”，底本“河”下衍“口”字，据《边政考》卷一《三边四镇图》、《明会典》卷一四六删。

② “碾伯驿”，《广志绎》卷一同，《边政考》卷一《三边四镇图》、《纪要》卷六四皆作“碾伯所”。

③ “怀远驿”，《广志绎》卷一同，《边政考》卷四《凉州卫图》、《九边考》卷九“远”作“安”。

口驿。属山丹。四十里新河驿。四十里山丹卫。守备一员。五十里东乐驿。三十里古城驿。四十里甘州镇。五卫。镇巡三堂、副总兵、陕西行都司、行太仆、管粮佥事驻扎北关,皆夷种。廿里西城驿。四十里沙河驿。四十里抚夷驿。四十里高台千户所。五十里黑泉驿[①]。五十里深沟驿。五十里镇夷千户所、盐池驿。五十里河清驿。四十里临水驿。四十里肃州卫。分守参将、兵备副使各一员。寄住各种夷人。西七十里至嘉峪关。西至阳关七百里。

八 北京至会州、富峪[②]、大宁三卫旧址路

顺天府。四十里潞河驿。五十里夏店驿。五十里公乐驿。五十里渔阳驿[③]。六十里石门镇驿[④]。六十里遵化驿。遵化县。七十里滦阳驿[⑤]。五十里富民驿。六十里宽河驿。六十里柏山驿。六十里会州卫。六十里季庄驿。六十里富峪卫。七十里大宁都司。

右三卫旧址,在北京之东北,永平府之西北,今属朵颜夷人住牧。北京至此八百里。见后。

九 北京至兴州中屯卫旧址路

顺天府。六十里顺义驿。七十里密云驿。六十里石匣驿。六十里古北口。五十六里青松驿。西去开平卫。东北六十里兴州中屯卫。

① “泉”,底本作“水”,据《边政考》卷四《甘州山丹图》、《广志绎》卷一改。
② “峪”,底本作“谷”,据《纪要》卷一八、《明史·地理志》改。下同。
③ “渔”,底本作“滦”,据《寰宇志》卷一、《明会典》卷一四五改。
④ “石门镇驿”,底本脱“镇”字,据《寰宇志》卷一、《明会典》卷一四五补。
⑤ “滦”,底本作“沥”,据《明会典》卷一四五、《纪要》卷一七改。

一〇　北京至开平卫旧址路

顺天府至青松驿。见九。青松驿。五十里古城驿。六十里灰岭驿。五十里滦河驿。五十里黄崖驿。六十里哈八驿。五十里沈河驿[1]。四十里东凉亭驿[2]。五十里开平卫。

北京至此七百五十里，地高，井深，星大。北去庆州，多古松，号曰千里松林。宣德五年，因运道艰远，徙卫于独石，弃地三百里，龙冈、滦河之险皆失据矣。

一一　北京至旧大宁都司路

北京至古北口。见九。古北口。山崖险峻，仅容车轨。德胜岭。盘道数层，俗名思乡岭。共八十里至新馆。过雕窠岭、偏枪岭[3]，四十里至卧如来馆[4]。渡乌滦河。东有滦州。又过黑斗岭、度云岭、芹菜岭，七十里至柳河馆[5]、松亭岭险。今松亭关。七十里至打造部落。东南行，五十里牛山馆。八十里鹿儿峡馆。过虾蟆岭，九十里至铁浆馆[6]。过石子岭，渐出山。七十里富峪馆。八十里通天馆。廿里至中京大定府。

大宁者，汉为奚部。唐初，属营州。贞观中，奚酋可度内附，乃置饶乐郡。辽为中京大定府。金因之。元为北京路总管府。国朝为大宁都司。城垣卑小，周四里许。自过古北口，居人草庵版屋，山中长松郁然，深谷中时见畜牧牛马骆驼，其路甚险。因成祖皇帝征伐，每

---

①“沈”，底本作“池”，据《昌平山水记》卷下、《明会要》卷七五引《纪要》改。
②“东凉亭驿”，底本脱“亭”字，据《昌平山水记》卷下、《纪要》卷一八改。
③“枪”，底本作“抢”，据《昌平山水记》卷下、《纪要》卷一八改。
④“卧如来馆”，底本脱“卧”字，据《辽史·地理志》《昌平山水记》补。
⑤“河”，底本作“沟”，据《昌平山水记》卷下、《纪要》卷一八改。
⑥“浆”，底本作“将”，据《昌平山水记》卷下、《纪要》卷一八改。

简其骁健为前锋，得其死力，于是徙大宁都司于保定。营州五卫[①]，兴州五卫，大宁前、中，会州三卫，卢龙，东胜二卫，并徙于腹内，见蓟州边路。宁府移封江西，以其地与之，自古北口至山海关为朵颜，自山海关至广宁白云山为泰宁，自白云山至开原为福余，岁许卫百人入贡者二，锡赏殊厚。

边道之录，东起开原城，西止嘉峪关七千余里，国家夷夏之防，信为重地。其山川之险阻，道里之阨塞，并记于斯，以俟往者采焉，不可以其辽绝而忽之也。

① “五卫”，底本作“四卫”，按明代置有营州中、左、右、前、后五卫，治所皆在关外，永乐年间并迁关内。据改。

卷五 江北水路

一 北京由漕河至南京水驿

顺天府。四十里通州潞河驿。一百里和合驿。属通州。一百里河西驿。九十里杨村驿。一百廿里杨青驿。并属武清县。六十里奉新驿。静海县。青县流河驿[1]。六十里兴济县乾宁驿。六十里砖河驿。属沧州。七十里新桥驿。交河县。七十五里连窝驿。吴桥县。八十里良店驿。属德州。七十里德州安德水驿。七十里梁家庄驿。属德州。九十里甲马营驿。武城县。八十里渡口驿。属临清。八十里临清州清源驿。七十里清阳驿。清平县。八十里东昌府崇武驿。八十里荆门驿。属阳谷县。七十里安山驿。属东平州。七十里开河驿。属汶上县。一百廿里济宁州南城驿。七十里鲁桥驿。属济宁。六十里沙河驿。属兖州府。九十里沛县泗亭驿。九十里夹沟驿。徐州。九十里徐州彭城驿。七十里房村驿。属徐州。六十里新安驿。属邳州。六十里邳州下邳驿。六十里直河驿。六十里宿迁县钟吾驿。六十里古城驿。属桃源。六十里桃源县桃源驿。七十里清河县清口驿。六十里淮安府淮阴驿。九十里宝应县安平驿。六十里界首驿。属高邮。六十里高邮州盂城驿。六十五里邵伯驿。属江都县。四十五里扬州府广陵驿。七十五里仪真县仪真水驿。五十五里龙潭驿。属句容县。九十里南京应天府龙江驿。

---

①“青”，底本作“清”，据《寰宇志》卷三、《明史·地理志》改。下同。

二　南京由漕河至北京各闸

南京龙江关。即下关。九十里龙潭。五十五里仪真县。管闸员外一员驻扎。阑潮闸。罗泗闸。响水闸。四十五里扬子桥。东去瓜州。北廿里扬州府。十五里扬子湾。东百里至泰州。北四十里邵伯驿。三十里烈女庙。即露觔庙。三十里高邮州。管河郎中驻扎。三十五里张家沟。二十里界首。廿里瓦店铺。三十里槐角楼[1]。廿里宝应县。三十里泾河。三十里平河桥。四十里淮安府。漕运都御史、监仓主事、理刑主事、总兵、参将各一员。十里移风上闸。五里下闸。十五里清江浦。船厂主事、提举各一员。十五里福兴闸[2]。十里新庄闸。南去汴城。五里清河县。十五里三汊河。廿五里张思仲。廿里桃源县。廿里满家湾。廿里崔镇。廿里至古城。三十里白洋河。十五里陆家墩[3]。十里小河口。十里宿迁县。五十里皂河。十里直河口。去沂州。五十里匙头湾[4]。廿里邳州。廿里乾沟。廿里辛安[5]。廿里马家浅。廿里双沟。廿里房村[6]。十里吕梁洪。主事一员。廿里黄钟集。五十里徐州洪。西去汴城。主事一员。廿里秦梁洪。廿里磨石。十里茶城。四十四年，由此去汴城。十里境山。廿里黄家闸。十八里皮沟闸。九里留城。十二里谢沟闸。廿里下沽头闸。五里中沽头闸。主事一员。五里上沽头闸。七里金沟。十里沛县。三十里庙道口闸。十八里湖陵城闸[7]。十二里孟阳闸。十八里八

---

①“槐”，底本作“淮”，《纪要》卷一二九作“槐角楼”。《清统志》卷九七：槐楼镇巡司在宝应县南二十里。据改。

②“福兴”，底本作“兴福”，据《纪要》卷一二九、《清统志》卷九四乙正。下同。

③“墩”，底本作“村”，据《士商类要》卷二之二九、《纪要》卷一二九改。

④“匙”，底本作“锄”，据《纪要》卷一二九、《明史·河渠志》改。

⑤“辛”，底本作“新”，据《寰宇志》卷二〇、《纪要》卷二一改。又底本“辛”字前有“十里杨青”四字，据《纪要》卷一二九、《士商类要》卷一之二九删。

⑥“房”，底本作“防”，据《路程图引》卷二之六八、《纪要》卷一二六改。

⑦“湖”，底本作“胡”，据《纪要》卷一二九、《清统志》卷一六五改。

里湾闸。八里谷亭闸。十八里南阳闸。

嘉靖四十四年,黄河水走,壅塞闸河。自留城开新河一道,一百四十里至南阳,用银四十余万,四年乃成。自留城以北,新建大闸八座。

留城闸。十三里马家桥闸。五里百中桥①。五里西柳庄闸。又名萧县闸。满家桥闸。五里夏镇闸。六里杨庄闸。即杨家楼闸。三十里至珠梅闸。即宋家闸。四十里利建闸。廿里南阳闸。十里枣林闸。五里鲁桥闸。三里师家庄闸。八里仲家浅闸。五里新闸。五里新店闸。十八里石佛闸。五里赵村闸。十里济宁州。管河都御史一。天井二闸。十五里安居。五里至耐牢坡。廿里小长沟。六里大长沟。十二里寺前闸。五里南旺上闸。汶水至此,南北两分,以济运船,南流徐州,入黄河;北流临清,入卫河。南旺湖积水,以防泉涸。主事一员。十里南旺下闸。下水。五里开河闸。十八里袁家口闸②。十二里靳家口闸。三十里安山。三十里戴家浅闸。十五里张秋。郎中一员。十里荆门二闸。十五里阿城二闸。十五里七级二闸。十五里周店闸③。十三里李家务闸。十八里东昌府。四十里梁家乡闸。十五里上桥闸。十二里魏家湾。十二里戴家湾。四十里临清州新开上闸、南板闸④。出卫河。四十里夏城窑。四十里渡口驿。四十里武城县。五十里甲马营。六十里郑家口。三十里防前。三十里故城县。三十五里四女寺。廿里德州。七十里桑园。三十里安陵。四十里连儿窝。三十里东光县。十五里下店口。廿里油坊。廿里泊头。廿里齐家堰。廿里薛家窝。廿里石窝儿。十五里砖河。廿里东岸。廿里沧州。铁狮在城内,腹下并过骡车两辆。四十里兴济县。四十里青县。四十里流河。六十里双塘儿。十二里静海县。廿里渎流。廿里新口。

---

①"中",底本作"塚",据《纪要》卷一二九、《明史·河渠志》改。

②"家",底本作"老",据《纪要》卷一二九改。

③"十五里周店闸",《纪要》卷一二九:"七级上下二闸又十五里为官窑口,又十里曰周店闸。"疑底本"周店闸"上脱文。

④"板",底本作"版",据《纪要》卷一二九、《清统志》卷一八四改。

廿里杨柳青。四十里直沽、天津卫。六十里至海。十里至丁字沽。十里尹儿湾。十里桃花口。十里满沟。十里杨村驿。三十里蔡村。十里砖厂[①]。十里黄家务[②]。十里蒙村。十里白庙。十里河西务。主事一。三十里红庙。十里靳家庄。十里搬罾口。十里萧家林。十里和合驿。廿里漷县。三十里李二寺。十里张家湾。十五里普济闸[③]。通州。庆丰闸。文明闸。会川闸。共四十五里至北京。

仪真闸通上江运船，五坝过客货须临大江[④]，昼夜无盗，盐商时聚，地无所产，楠木商人聚于对江。自本县至淮安，皆平水。邵伯之北，湖荡多，人家少，西高而东卑。水大之年，最怕西北风，巨浪能倒塘岸，船不能过。贼有盐徒，晚不可行，船户不良，宜慎。自扬州以北，风景与江南大别矣。淮安五坝过客货，闸通运船。凡写黄河大船进京，必须访实，或有欠债揽此长载，中途脱逃，客顾人夫而去，此常有者。黄河不可久延，四五月有河走之防。徐州入闸河，汶水泉出莱芜、宁阳二县，至南旺南北两分。旧闸河自留城至南阳，北高而南低，水易泄，闸常闭，所以客船难去，一闸曾有坐一月者，且让运船。自开新河，南高而北低，泉虽少而难泄，闸不常闭，各船皆快，无阻迟之苦矣。扬州之北，食品贱而不佳。临清州出卫河，直抵直沽。泊船难择地方。天津卫上水至通州，走沙水浅，夜宜谨慎。一水两分，南惟湘源，北独汶水。自淮安以北，冬归宜速，守冻最难，日出冰坚，阴雾即释。

---

①“砖厂”，底本脱，据《纪要》卷一二九补。

②“十里”，底本脱，据《纪要》卷一二九补。

③“普”，底本作“博”，据《纪要》卷一二九、《清统志》卷九改。

④“坝”（壩），底本作“霸”，据《纪要》卷一二九、《明史·河渠志》改。底本“坝”皆作“霸”，以下迳改。

三　淮安由南河至汴城水路即淮河。源出桐柏山[①]，至唐县一百里。

淮安。十里湖口闸。十里移风闸。十五里清江闸。十五里福兴闸。十里新庄闸。十里淮河口。北去徐州。西南五里马头。六十里洪泽驿。三十里石灰窑。三十里龟山。三十里泗州。六十里旧县。十五里龙窝。三十里山冈。三十里双沟。三十里浮山寺。三十里五河县。三十里小溪湾。三十里三岔。三十里青泥湾。十里凤阳府。三十里十里溜。三十里长淮溜。三十里半步溜。三十里怀远县。北往亳州。二里荆山。禹王庙。廿里马头城。三十里断窑。三十里洛河。三十里石头铺。三十里泥岔。三十里下蔡。三十里寿州河口。三十里焦冈。十五里笋椿河。十五里至正阳。西十里八里躲。六十里颍上县[②]。六十里江口驿。四十里钓鱼台。十里张家溜。廿里大溜。五里颍州。河南兵宪驻扎。十五里白庙。十里泗河铺。六十里太和旧县[③]。四十里税子铺[④]。十五里界沟驿[⑤]。廿里纸店。三十里王坝溜。十里槐方店[⑥]。十五里王昌集。廿里富坝口。南至南顿五十里。北十里新站。八里牛家埠。五里颍息坡。南，下水，四十里至南顿。北廿五里周家店。十五里李方店。三十里西华县。一百廿里李家潭。四十里朱仙镇。起车。四十里至汴城。

淮安由南河即淮河。至汴城，水不甚险而有神溜。荆山去亳州之

① “桐”，底本作“铜”，据《纪要》卷一二四、《明史·河渠志》改。

② “颍”，底本作“颖”，据《明会典》卷一四五、《明史·地理志》改。以下迳改。

③ “太”，底本作“大”，据《明会典》卷一四五、《明史·地理志》改。

④ “四十里税子铺”，底本脱“税子铺”三字，据《士商类要》卷二之六九、《路程图引》卷二之六九补。

⑤ “十五里界沟驿”，底本脱“十五里”三字，据《士商类要》卷二之六九、《路程图引》卷二之六九补。

⑥ “店”，底本作“集”，据《士商类要》卷二之六九、《路程图引》卷二之六九改。

上，黄河消长不时，夏有河走不测，冬有冰轮之忧。船户谋客可防，虽有船伴，亦宜谨慎。“溜”者，水急之总名，南方曰“滩”，北曰“溜”。北河之溜不一，惟此颍州之溜，如江南之堨，水高如楼，自上而倾下，重船不能上。未至此者，以为水底地形高下所致，然岁时迁徙不定，岂地形耶，此必不可测，俟知者[①]。

四　淮安由北河至陕西潼关水、陆路

本府。水六十里清河县。七十里桃源县。六十里古城驿。六十里宿迁县。六十里直河口。六十里邳州。六十里新安驿。六十里房村驿。七十里徐州。二十里洞山[②]。二十里茶城。十里耿山集。五里进溜沟。二十里张村站。二十里豆腐店。二十里孟家村。五里黄河。三十里旧丰县。二十里赵村。十里小溜沟。二十里双楼儿。四十里单县河口。十里黄冈楼。三十里马家口。十里韩家口。十里郑家口。十里锁口。十里榆林集。二十里土山。十里八里湾。十里扬进口。二十里流通集。三十里孙家湾。二十里纸店。二十里直胜马头。十五里唐家湾。十里谷阳。十里汝庄。三十五里草店。二十里马家口。十里王家楼。陆路四十里至汴城。

右淮安由徐州至汴城，为北河，即黄河，走塞不定。今至陆家楼起车，陆路四百里至河南府。又二百六十里至三门[③]、集津，又五十里至陕州。小船止于集津。三门在集津之西，神门、鬼门、人门，以缓急而名也。三门广仅二十丈，水声如雷。门之东百五十步，河中孤石如柱，即砥柱，禹凿为三，以疏黄河水也。汉时，运船由此入关，石上缆

---

① “‘溜’者”至“俟知者”，底本脱此七十八字，今据《路程便览》卷五补。

② “二十里洞山”，《纪要》卷二九：徐州东北八十里有铜山。《清统志》卷一〇〇同。疑底本有误。

③ “又二百六十里至三门”，底本“二”字上脱“四淮安由北河至陕西潼关水陆”至“陆路四百里至河南府又”二百九十二字，今据《路程便览》卷五补。

痕尚存，今不能上矣。车至陕州，或换小船，一百七十里至于潼关。黄河在陕，以限夷狄，至于河南、徐、沛，走塞不可测。嘉靖四十四年，河走，自徐州茶城而出，本处一百八十里至曹县，至于韩家道口仍旧道而去。北直隶各府、辽、蓟边客货，皆由漕河而去，止于临清州、河西务、张家湾起陆。通州之北，须有水之名，舟楫不通。陕西、河南二省，大同、宁夏等边，苏、杭客货皆由南、北二河而上，至汴城王家楼或孙家湾起车。至陕西者，或自南京大江至汉口换船，由襄阳府、淅川县入武关。至西安等府，详本卷之十。

五　正阳至南顿水路

正阳镇。五里八里躲。六十里颍上县。六十里江口。四十里钓鱼台。十里张家溜。廿里大溜。五里颍州。十五里白庙。五十里田家集。六十里张老人埠。六十里杨桥。六十里沈丘。巡司。六十里汝香台。三十里青冢。三十里直沟。六十里南顿。

正阳镇属寿州，商贾聚于河东，曰东正阳，土人聚河之西，曰西正阳，委官收船料，以给凤阳高墙之费。

六　瓜洲至庙湾场水路

瓜洲。四十五里扬州。六十里邵伯。三十里露筋庙。三十里高邮州。三十五里张家沟。廿里界首。廿里瓦店铺。三十里槐角楼。廿里宝应县。下河，搭船。六十里至小安丰。十里南窑。十里大仓。十里青沟。十里渭溪。巡司。十里朦胧[①]。四十里至庙湾场。

①“朦胧”，底本作“蒙笼”，据《纪要》卷二二、《明史·地理志》改。《清统志》卷一二二同。疑底本“母山”有误。

小安丰至朦胧五十里，盐徒卖私盐为由，实为强盗，谨慎。装鱼船必由此道，带银客或由淮安府陆路，骡马九十里至马落，又九十里至庙湾。本场客造船，出海取鱼，过小满，大沙鱼浮水上，吞鱼鲞即沉下，难网。但贪鱼多，不知水广，非智力所能取，益者少，损者多。客店草篱茅舍，无夜盗之虑，有火延之防。夏疫宜慎。

七　淮安至山东沂州水路

本府。六十里清河县。八十里桃源县。六十里古城。六十五里宿迁县。六十里直河口。九十里寿贤。六十里马头。百十里至沂州。

淮安陆路至沂州，详卷六之八，或自直河口陆路而去，亦可。

八　海州安东卫飘海至淮安府

虚沟营。一百八十里高公垛。一百廿里云梯关。一百八十里六套。六十里安东县。九十里淮安府。

云梯关有军防海，鱼客因省船费而由此道。鱼船水手，即爬儿手、包撑盐徒也，家住六套、七套。胶州飘海亦由此来，海风不定，遇风虽易亦险，无风难期，客当别路可也。盐徒捉客，许以米赎。夏疫宜避。亦有飘至太仓，收刘家河者，安命之客，此路勿行。淮安至安东卫，陆路详卷六之五。

九　西梁山至庐州府水路由泥汊河口而入，亦可。

裕溪口。十五里雍家城。廿五里三汊司。十里运灶。四十里土洛河。三十里后河钓台。三十里巢县。四十五里焦湖口。入湖。八十里毋山。山。

在湖中，本山三十里至湖口入港。又三十里至庐州府。

一〇　南京由大江至陕西西安府水、陆路

南京至汉口，见卷七之二。汉口六十里至蔡店驿。四十里云口。西往竹筒河。北四十里至汉川县。五十里关王庙。五十里响水滩。九十里尖刀嘴。四十里破港。即鳊鱼嘴。五里至麻阳滩。四十里彭石河。五十里岳家口。十里狮子河。十里渔泛洪。十五里黑牛渡。廿里塔儿湾。廿里卢埠。廿里扬林洲泽口。东去潜江县。西去景陵县。北四十里史港。三十里蚌湖望。廿里车罗院。廿里多宝湾。廿里新城。十五里沙阳。四十里旧口。三十里马梁。廿里石牌。六十里承天府。九十里丰乐河。九十里宜城县。一百里潼口驿。一百里至襄阳府。四十里由首。六十里黄鸡埠口。四十里柴店冈。四十里光化县。廿里巡司。三十里小江口。换小船。三十里党子口。三十里陈宽埠口。每船与面一斤。八十里至淅川县。五十里幕围。四顾皆山。四十里湖村。有大店。陆路。九十里青山。九十里青油河[①]。四十里武关。五十里桃花铺。八十里白羊店子。八十里麻涧[②]。一百里新店子。九十里蓝田县。九十里至西安府。

汉口换船，至小江口又换小船，仅装七、八石。五日，至湖村起陆。路皆山中而去，至蓝田县始平无山。由淮安南、北二河而去者，有船户谋客、黄河水走之防、过坝之劳，见本卷之三、之四。此路自汉口以北，河道有走沙、水浅之阻迟，无风、盗之虑。汉高祖入武关伐秦，此道也。

---

①“青”，《纪要》卷五一引《舆程记》作“清”。

②“麻”，底本作“骂”，据《纪要》卷五四引《舆程记》、《示我周行》卷二之二九改。

一一 颍州由前河至汴城水路

本州三里湾。分路。水。四十里至田家集。三十里龙湾塘。三十里扬桥。三十里沈丘。三十里新县。六十里直沟。四十里丁村集。三十里南顿。三十里尹七埠口。出后河。三十里至周家口。十五里李方店。三十里西华县。一百廿里李家潭。四十里朱仙镇。起车。四十里至汴城。

右颍州至汴城为前河,好行,惟南顿纳税。由后河而去者,有盘溜之劳,见本卷之三。

一二 颍州至襄城县、钧州水、陆路

颍州至周家口,见十一。周家口分水路。廿里赵老人埠口。廿里邓城。三十里龙盛沟。三十里小窑。六十里郾城县。三十里新店。三十里北舞渡。廿里坚掩。三十里横梁渡。廿里慈竹。即慈沟。十八里襄城县。陆路。九十里至神后。六十里钧州。本州窑器产于神后。

右颍州至襄城县水,自周家口分水路,西北而上,即颍水之源。陆路亦依程而去无异,惟陆速船迟而矣[①]。襄城县至钧州、许州,并九十里,至郏县六十里,又六十里至营里。产硫黄。

一三 瓜洲至通州水路

瓜洲。四十五里扬州府。五十里至宜陵[②]。六十里泰州。六十里姜堰[③]。

---

①"惟陆速船迟而矣",原文如此,疑底本"矣"为"已"之误。

②"陵",底本作"林",据《纪要》卷二三、《清统志》卷九七改。

③"姜堰",底本作"江岸",据《纪要》卷二三、《清统志》卷九七改。

六十里海安[1]。四十五里如皋县[2]。四十里丁堰[3]。四十里白蒲[4]。七十里至通州。

本州至苏州渡海，南九十里至福山[5]。三十里至常熟县，又九十里至苏州府。

①“安”，底本作“岸”，据《纪要》卷二三、《清统志》卷九七改。
②“如”，底本作“余”，据《纪要》卷二三、《明史·地理志》改。
③“堰”，底本作“晏”，据《纪要》卷二三、《清统志》卷一〇六改。
④“蒲”，底本作“埠”，据《纪要》卷二三、《清统志》卷一〇六改。
⑤“南”，底本作“面”，《纪要》卷二三：通州南渡江至苏州府常熟县。据改。

卷六　江北陆路

一　北京至陕西、宁夏镇路

正阳门[①]。四十里卢沟桥。长六十丈，金明昌建。三十里良乡县。廿八里刘李河[②]。三十里涿州。十五里楼桑村。三十里定兴县。十里白沟河。宋、辽界此。六十里安肃县。十五里渡曹河。三十五里保定府。四十五里泾阳驿[③]。四十五里庆都县。尧母墓。六十里定州。东坡雪浪石在州学。五十里新乐县。九十里真定府。铜观音，高七十三尺，在龙兴寺。阁五层，高一百三十尺。渡滹沱河，源出雁门，水大难渡。六十里栾城县。四十里赵州。五里洨河桥。六十里柏乡县。三十三里渡尹村河。廿八里内丘县。金隄村。四十五里顺德府。三十五里沙河县。三十二里渡洺河。廿七里吕翁祠。廿里邯郸县。廿里赵王城。赵简子墓。二十里至台城冈。车骑关。三十里磁州。南门曹操疑塚七十二处。凡二十里至讲武城。亦操所筑练兵之处。渡漳河。四十里渡安阳河，至彰德府。西去羑里城三十五里，纣囚文王处。南四十五里至汤阴县。六十里淇县。望见太行山。三里斫胫河。纣斩朝涉之胫处。三十七里比干墓。十

---

① “正阳门”，底本脱“正”字，据《纪要》卷一一、《明史·地理志》补。

② “刘李河”，底本脱“刘”字，《纪要》卷一一：良乡县南四十里有刘李河。其地正在良乡县与涿州之间，据补。

③ “泾阳驿”，底本“驿”作“县”，按泾阳县属陕西西安府，与地望不合。又《明会典》卷一四五：保定府有陉阳驿。《纪要》卷一二：满城县南十二里有陉阳马驿。盖“县”为“驿”之误，据改。

里卫辉府。五十里新乡县[①]。五十里获嘉县。妲己梳妆台。五十里修武县。五十里武涉县。三十里清化镇。廿五里渡丹河。五里渡沁河。源出山西沁州。五里怀庆府。汉孝子郭巨墓。五十里孟县。古河阳县。有潘安仁祠。十里紫金山。韩文公墓。二十里渡黄河。广二里。至孟津县。观兵台,武王伐纣,观兵于此。三十里北邙山。东汉诸帝名臣葬此。二十里下山脚。十五里瀍桥。五里河南府。二程祠。南一百六十里至嵩县伏牛山。西五里旧洛阳城。廿里孝水。王祥剖冰处。十五里磁涧。廿五里甘罗墓。三里钓台。渡涧水。经旧函谷关,至新安县。廿里王乔洞。洞上二木,化成石身木枝。八里青龙山。廿里义昌驿。四十里渑池县。会盟台,秦昭王、赵惠王会盟于此。五十里上金银山,廿里下金银山,至硖石驿。五里老子祠。五十里陕州。三里虾蟆泉。六十里灵宝县。渡弘农涧。五十里阌乡县。六十里潼关。东渡黄河。六十里至蒲州。七里至关羽养疮城。三里杨震墓。廿五里西岳庙。唐柏五株。五里至华阴县。西十里班超墓。三十五里凤居山。廿五里华州。西门郑恒公墓。六十里渭南县。分三原路。七十里临潼县。骊山在目,悦褒姒处[②]。南十里秦始皇陵。三十里消魂桥。廿里西安府。南门慈恩寺,高宗为文德皇后建雁塔,高三十丈。褚河南书《三藏圣教序》、高宗述圣记碑在塔下。历代碑刻在府学。本府五里未央宫故址。五里杨家城。汉长安城也。四十里咸阳县。南去四川。周成王陵,文、武王陵,周公墓,康王陵,汉昭帝陵,俱在县南十五里毕源。本县十二里至汉元帝陵。十七里萧相国祠。四十里醴泉县[③]。四十里乾州。十里梁山。唐高宗陵。七十里永寿县。七十里邠州。七十三里政平驿。七十里宁州。二里狄梁公祠。七十里合水县华池驿。五十里庆阳府。西门傅介子墓。六十里灵祐驿。廿里马岭城。四十里曲子城。四十五里木钵递运所。四十五里环县。六十里清平驿。六十里山城驿。九十里萌城驿。宁夏界。三十里玉皇庙。五十里小盐池。

①“新乡县”,底本“乡”作“香”,据《纪要》卷四九、《明史·地理志》改。
②“褒姒”,底本“姒”作“似”,据《史记·周本纪》改。
③“醴泉县”,底本“醴”作“澧”,据《寰宇志》卷九二、《明史·地理志》改。

胡人出没不时。六十里石沟驿。七十里大沙井驿。四十里灵州。渡黄河。登岸百里，至宁夏城。贺兰山在本镇之北。

自木钵递运所之北，驿递官皆千、百户总旗掌。环县之北，无居民，亦无树木，惟荒烟野草，至灵州始有树木。南京至西安府二千四百三十里，北京至西安府二千六百五十里，西安府至宁夏镇一千四百七十里。本镇去固原、兰州、甘肃二卫、嘉峪关，东去榆林、黄甫川，详卷之四。

二　扬州府至南顿路

扬州府。七十里仪真县。八十里六合县。一百廿里滁州。三十里朱龙桥。五十里藕塘镇。一百廿里永康镇。一百廿里寿州。六十里正阳镇。六十里颍上县。一百廿里颍州。廿里溜上。六十五里太和县。七里旧县集。七十里新站。三十里至南顿。

三　正阳至芜湖县路

正阳。三十里新坝。三十里安丰塘[①]。三十里白洋河。四十里王长官。六十里三十里庙。三十里庐州府。三十里店埠。六十里柘皋[②]。六十里巢县。一百六十里西梁山。渡大江。五十里至芜湖县。

① “安丰塘”，“丰”，底本作“枫”，据《寰宇志》卷九、《纪要》卷二一改。
② “皋”，底本作“高”，据《纪要》卷二六、《清统志》卷一二三改。

四　巢县由汴城至临清州路

本县。三十里小柘埠。三十里大柘埠。三十里西山口驿。三十里店埠。三十里庐州府。三十里长官家。三十里周家店。三十里王长官。四十里白洋河。四十里小店。三十里新坝。三十里正阳。七十里颍上县。六十里六十里铺。六十里颍州。十五里白庙。五十里太和县。七里旧县集。七十里界沟。廿里纸店。三十里怀方店。四十里鱼台。五十里陈州。东北至归德府。二百里四十里至五里口。廿五里碎米口。廿五里长营儿。廿五里崔桥。三十里马头。三十里通许县。廿里高庙①。廿里关头。廿里柏木子冈②。廿里汴城。三十里翟家道口。十五里俞家店。四十五里延津县。廿里塔儿铺。十五里沙门关。廿五里卫辉府。廿里顿方铺。三十里淇县。廿五里高村铺。三十里宜沟。廿五里汤阴县。十五里柳河铺。三十里彰德府。四十五里回龙庙。五十里双井铺。三十里大名府。三十里小滩铺。三十里冠县③。四十里斜店。三十里清水铺。廿里至临清州。

自颍州至大名府，响马贼甚恶，出没不时，难防。卫辉、彰德近有坑墙，稍可避。

又临清由开州至汴城路

临清州。廿里清水铺。三十里斜店。四十里冠县。三十里小滩铺。三十里贺村集。廿里南乐县。五里清丰县。五十里开州。廿里安乐铺。廿里山木村。三十里老岸。三十五里丁兰。十八里长垣县。三十里流光。三十里陈桥。十里时何村。四十里至汴城。

---

①“庙”，底本作“店”，据《士商类要》卷二之八五、《路程图引》卷二之八五改。

②“子”，底本作“紫”，据《士商类要》卷二之八五、《路程图引》卷二之八五改。

③“冠”，底本作“观”，据驿路和里程推算，“观县”当为“冠县”之误，今据《寰宇志》卷七二、《明史·地理志》改。下同。

五　淮安府至海州、安东卫路

本府。渡黄河。九十里安东县。三十里金城。四十里对江口[①]。三十里白头关。四十里张家店。三十里大伊山[②]。六十里新坝。五十里海州。新坝。三十里塔儿湾。三十里南城。三十里大村。五十里至墟沟营。三十里渡海岛山。有庙。

至海州，或自大依山六十里，至板浦渡海[③]。五十里至海州。本州六十里至安东卫。属山东。右路晚亦可行，盐徒甚恶，夏有热疫，宜慎。墟沟营飘海，转尖至淮安，详《江北水》。淮北守支盐商，聚于板浦、新坝二场。金城九十里至老鹳亭。往山东登、莱二府，由胶州至辽东路，详卷之三。

六　徐州至泰安州泰山顶路

本州。九十里沛县。七十里临城驿。七十里滕县。四十五里界河。五十里邹县。六十里兖州府。六十里宁阳县。七十里东巷店[④]。五十里泰安州。五里红门。四十里至泰山顶。即东岳岱山。

七　瓜洲至武当山路

瓜洲。三十里新城。十里仪真县。七十里六合县。四十里姜家渡。去。

① “对”，底本作“武”，《纪要》卷二二引《舆程记》：“三十里至金城镇，又四十里为对江口，又三十里为白头关。”《清统志》卷九四同。据改。

② “伊”，底本作“依”，据《路程图引》卷二之六七、《清统志》卷一〇五改。下同。

③ “板”，底本作“版”，据《纪要》卷二二、《清统志》卷一〇五改。

④ “店”，底本作“镇”，据《士商类要》卷二之八六、《路程图引》卷二之八六改。

十五里雷官集。三十里水口集。四十里滁州。三十里朱龙桥。廿里雅店。去。三十里藕塘。三十里东铺。去。三十里定远县。三十里西铺。三十里永康镇。四十里白鹭桥。四十里姚杲。四十里中心渡。去。十里寿州。三十里斗鸡铺。三十里正阳。十五里蔡涧铺①。廿里颍上铺。三十里颍上县。六十里中铺。六十里颍州。五十里天蓬集。三十里姚家店。三十里长官店。廿里李铁集。廿里瓦店。廿里姜寨。四十里杨埠。四十里苏家店。廿里大柳树。去。廿里汝宁府。三十里老君堂。二十里韩庄。四十里确山县。廿里常家店。去。十里邢家店。去。十里瓦岗铺。十五里沟竹。廿里节敬山。十五里邓庄。三十里曹官驿。五十里泌阳县。三十里显灵店。廿里大河屯。廿里黄家店。三十里唐县。廿里张家店。三十里余家店。十五里田九店。廿五里冈头。廿里黄庄。去。廿里鸡滩。四十里邓州。廿里茶店。廿里半茶店。廿里九重院。廿里武家店。廿里李大人坟。三十里党子口。四十里石鼓关。三十里嵩平。廿里方山。廿五里槐树关。五里粉红。渡。均州。廿里石版滩。廿里草店。蓬莱门。仙关。共三十里。太子坡。紫霄宫。南岩宫。榔梅祠。一天门。二天门。三天门。共三十里。至玄帝殿。

有"去"字之处,不可宿。镇江府水至湖口县,详卷七之二。湖口县水至武当山,详卷七之二十。

八　淮安府至山东沂州路

本府。三十里清江浦②。三十里清河。三十里三汊河。廿里张思仲。十里桃源。三十里崔镇③。十八里古城。十三里白洋河。四十里宿迁县。

---

① "涧",底本作"间",脱"铺"字,据《士商类要》卷二之七六、《路程图引》卷二之七六补正。

② "江",底本作"河",据《纪要》卷二二、《明史·河渠志》改。

③ "崔",底本作"催",据《纪要》卷二二、《清统志》卷九四改。

三十里岔路口。三十里直河口。九十里寿贤。六十里马头集。一百十里沂州。淮安至本州水，详卷五之七。

九　仪真县至泗州路

本县。六十里高家集。廿五里金家集。三十五里天长县。三十里石梁河。

一〇　扬州府至山西平阳府路

本府。四十里甘泉山。廿五里大仪[①]。廿里小店。四十里天长县。三十里石梁河。三十里张公铺。三十里连塘。廿里义井。廿里盱眙县。五里泗州。三十里包家集。三十里双沟。三十里斗江口。三十里上塘。三十里冷饭墩[②]。二十里虹县[③]。三十里长直沟[④]。三十里灵璧县。四十五里大店驿。铁佛寺。柳市里。共四十五里。南宿州。七十里百善道驿。六十里永城县。六十里夏邑县。五十里虞城县。六十里宁陵县。六十里葵丘驿。七十里杞县。六十里陈留县。五十里汴城。翟家口过河。十里俞家店。九十里黑羊山。八十里莫兰店。七十里清化镇。三十里王庄。上太行山。三十五里红花口。十五里浪车。八十里周村。八十里刘村。五十里

①“仪”，底本作“驿”，《士商类要》卷二之五七：甘泉山三十里至大仪镇。《纪要》卷二三：江都县西七十里有大仪镇。据改。

②“冷饭墩”，底本脱此三字，据《士商类要》卷二之五七、《路程图引》卷二之五七补。

③“二十里虹县”，底本脱“二十里”三字，据《士商类要》卷二之五七、《路程图引》卷二之五七补。又底本“虹”作“降”，《士商类要》卷二之五七：虹县三十里至长直沟。《纪要》卷二一：虹县西至灵璧县七十里。“降县”当为“虹县”之误，据改。以下迳改。

④“沟”，底本作“口”，据《士商类要》卷二之五七、《路程图引》卷二之五七改。

沁水县[①]。三十里黄寨。九十里翼城县。下太行山。五十里黄帝庙。四十里赵墟。五十里至平阳府。

清化以西无盗,夜月可行。浪车西十五里至夫子庙,路去太原府,详卷三之九。太行山东西四百里,南尽黄河,北尽沙漠。自宿州至汴城,响马宜慎。

一一　四川成都府至南京路

成都府。五十里新都县。五十里汉州。五十里古店。五十里中江县。五十里建宁驿。六十里潼川州。四十里射洪县。三十里广寒公馆。七十里蓬溪县。九十里顺庆府。五十里清溪公馆。六十里岳池县。北去保宁府。南六十里庆安州。八十里瑯琊公馆。三十里渠县。六十里大竹县。八十里袁坝公馆。五十里梁山县。九十里分水驿。八十里万县[②]。八十里巴阳驿。六十里云阳县。八十里南陀驿。六十里夔州府。六十里瞿门公馆。六十里巫山县。八十里小桥公馆。属蜀。八十里巴东县。属楚。八十里归州。百三十里白沙驿。百廿里夷陵州。六十里龙泉驿。九十里当阳县。一百廿里荆门州。六十里石桥驿。六十里丽阳驿。九十里宜城县。六十里潼口驿。六十里襄阳府。七十里吕堰驿。七十里新野县。百廿里唐县。九十里泌阳县。三十里马湖田。三十里高店。六十里赵庄。四十里平山关。四十里出山店。三十里信阳州。百廿里罗山县。一百四十里光州。四十里黄子冈。三十里清河铺。四十里新店。三十里固始县。四十里泉河铺。五十里郑塔铺。五十里霍丘县。六十里正阳。六十里寿州。九十里白鹭桥。九十里定

① “沁”，底本作“清”，按清水县属陕西巩昌府，与地望不符，而河南有沁水县，盖“清”为“沁”之误，据《纪要》卷三九、《明史·地理志》改。

② “万县”，底本作“万州”，按《明史·地理志》：元万州，洪武六年降为县。今据《路程图引》卷二之一〇〇、《示我周行》卷二之七一改。

远县。一百四十里滁州。五十里全椒县。三十里后河。三十里香泉塘。有温池。四十里和州。三十五里当利驿。三十五里渡大江,至采石驿。六十里江宁镇[①]。六十里至南京。

四川至南京路有四,此其一也,计程四千五百八十里;一由陕西栈道至成都,详卷二之十;一由大江至成都,详卷七之一;由大江至重庆府驿路,八百八十里至成都,详卷三之二十四。重庆生成石城若辇,天下更无双。成都至新野县、至北京路,详卷一之五、之三。

自荆门州分路,由黄州、李阳河渡大江,至南京路于左

荆门州。百二十里承天府。九十里郢东驿[②]。百二十里京山县。百里应城县。四十里云梦县。四十里孝感县。百里黄陂县。百里阳逻驿[③]。百二十里李坪驿。八十里黄州府。九十里巴水驿[④]。六十里蕲水县。七十里临皋驿[⑤]。九十里广济县。六十里黄梅县[⑥]。四十五里双城驿[⑦]。九十里枫香驿。六十里小池驿。七十里太湖县。六十里潜山县。百二十里安庆府。八十里李阳河。渡大江。又六十里至池州府。八十里青阳县。二十里绛壁桥。六十里司边铺。六十里南陵县。九十里芜湖县。九十里采石驿。一百二十里至南京[⑧]。

---

①“宁”,底本作“陵”,据《纪要》卷二〇、《明史·地理志》改。
②“郢”,底本作“永”,据《明会典》卷一四五、《纪要》卷七七改。下同。
③“逻”,底本作“罗”,据《明会典》卷一四五、《纪要》卷七六改。下同。
④“水”,底本作“永”,据《寰宇志》卷五一、《明会典》卷一四五改。
⑤“皋”,底本作“鸣”,据《寰宇志》卷五一、《明会典》卷一四五改。
⑥“县”,底本作“驿”,按湖广黄州府有黄梅县,无“黄梅驿”,“驿”当为“县”之误。据《寰宇志》卷五一、《明会典》卷一四五改。
⑦“驿”,底本作“县”,据《明会典》卷一四五、《纪要》卷七六改。
⑧“驿路”至“南京”,底本脱此二百六十字,据《路程便览》卷六补。

一二　真定府至五台山路

本府。五十里行唐县。王快镇。共二百里。阜平县。安儿岭。共五十里。下龙泉关。马波泉。共十五里。旧路岭。马会首寺。红石嘴。金冈窟庄儿。共一百四十五里。白头庵。二十里至南台。二十里清凉石。四十里至西台。十里八功德水。二十里至中台。三十里至北台。四十里至东台[①]。

五台山旧名清凉山，属山西代州，至州一百四十里。真定府至南台五百里。两京至本山，龙泉关必由之道。山在内三关之外，雁门关之内，西北至雁门关二百余里，为文殊道场，像在南台圆觉寺内。中台高四十里，顶平，周六里，有大华泉，不竭。东台高三十八里，顶平，周三里，至大华泉四十二里。西台高三十五里，顶平，周二里，东去大华泉四里。南台高三十七里，顶平，周二里，北去大华泉八十里。北台高三十八里，顶平，周三里[②]，南去大华泉十二里。江南补陀山观音道场，详卷七之廿四。四川峨眉县峨眉山普贤道场，详卷七之一。三山，高僧必至之地。五台，春末夏初可去，秋冬有边防，气寒不可往矣。

一三　正阳至湖广汉口路

正阳溜子口。渡。四十五里白水塘。十里霍丘县。五里丰河。渡。十五里陈家铺。三十里郑塔铺。三十里曹家店。廿里泉河铺。四十里固始县。西南分光州、罗山县路。三十里草庙。四十里上石桥。十里南司。十里

① “一二真定府至五台山路”至“东台”，底本脱此一百一十三字，今据《路程便览》卷六补。

② “周三里”，底本脱“周”字，据《纪要》卷三九及上下文意补。

和风桥。廿里商城县[1]。十五里余家店。五十五里张家楼。十五里界岭司。三十里胡金司。五里张家店。三十里祖家桥。三十里麻城县。三十里中馆驿。四十里岐亭。西去黄陂县路。四十里至三山铺。南至阳逻三十里。西三十里至毕家铺。十五里界铺。渡。五里沙口。五十里汉口。渡大江。七里至湖广城。

又由光州官路至汉口道观河至蕲水县附[2]。

正阳至固始县。详前。固始县。廿里杨官店。五里曲河渡。五里新店。廿里胡族店。十里三家店。十里青河铺。三十里黄子冈。十里地路河。三十里光州。四十里光山县。十五里由树店。廿里泼皮河。十里桃树店。十里椿树店。十五里三道河。十里长潭。三十里界河关司。十五里分水岭。十五里陈马冈。廿里王福店。廿里奇路江家。廿里麻城县。至蕲水一百八十里。西廿里至白塘铺。十里白果铺。十里望花镇。十里沙河铺。十里道观河。至蕲水,详后。十里至久长铺。十里黄连铺。十里丁家荡。十里林山河。十里竹瓦铺。十里瓦园铺。十里团风镇。七十里阳逻。十里堦埠。渡。十里沙河口。五十里至汉口。

道观河至蕲水县路

道观河。十五里道士山。十五里马安山。三十里巴河。三十里朱店。三十里至蕲水县。

一四　正阳至襄阳路

正阳。十五里蔡涧铺。廿里颍上铺。三十里颍上县。六十里中铺。六十里颍州。四十五里天明。七十里张官店。三十里李家集。十五里瓦店。

---

①“商”，底本作“双”，按河南汝宁府无“双城县”而有“商城县”，“双城县”当为“商城县”之误，据《纪要》卷七六、《明史·地理志》改。

②“道观”，底本作“到灌”，据《纪要》卷七六、《清统志》卷三四〇改。

廿五里江寨。廿五里木轩李家店。十五里扬埠司。南河船止此。三十里至冯家店。十五里苏家店。廿里方家集。三十里汝宁府。五十里韩庄。五十里确山县。八十里信阳州。东五十里至罗山县。三十里至出山店。四十里平山关。四十里赵庄。六十里高店。三十里马湖田。三十里泌阳县。九十里唐县。一百廿里新野县。七十里吕堰驿。七十里至襄阳府。

又自光州迂路至信阳州合

光州。廿五里李家店。十五里寨河渡。四十里生铁铺。廿五里金官铺。渡。五里五里店。三十里李家店。三十里信阳州。

一五　湖广城至襄阳路

武昌府。渡江。七里汉口。十里郭司渡。廿里平塘湖。渡。三十里蔡店。三十里龚家渡。三十里汉川县。廿五里杨四港。五里刘家隔。渡。五里新河渡。十八里十八里店。六十里应城县。六十里接官亭。四十里观音崖。廿里京山县。廿里合流铺。四十里郢东驿。四十里梅子涧。廿里木马铺。三十里承天府。廿里池河渡。十里毕家港。廿里盛家店。四十里丰乐河①。三十里龙王洲。渡。六十里宜城县。三十里毛家港。渡。廿里潼口驿。三十里泰山庙。三十里至襄阳府。

又由德安府、随州至襄阳路

刘家隔。六十里洛阳河。十里云梦县。廿里利塘。四十里德安府。渡。廿里竹罗铺。廿里平理市。廿里柴石铺。廿里光化铺。三十里随州。四十里利山。三十里唐城镇②。三十里徐家店。廿里红瓦店。四十里枣阳县。六十里蔡阳店。八十里至襄阳府。由新野县至北京，见卷一之五、之三。

---

①“乐”，底本作“落”，据《士商类要》卷二之六一、《路程图引》卷二之六一改。
②“城”，底本作“县”，据《纪要》卷七七、《清统志》卷三四三改。

一六　徐州西至汴城路

徐州。三十五里乱石山。十里两河口[①]。三里萧县[②]。廿里曲里铺。三十里赵家圈[③]。五十里韩家道口。三十五里师家道口。三十五里贺家集。廿五里马牧。徐州至此,响马多。四十里丁家道口[④]。四十里归德府[⑤]。六十里宁陵县。五十里睢州。三十里榆箱铺。七十里杞县。三十五里韩冈。四十里陈留县。四十里扬州门。十里开封府。本府至刘家隔,见十九。

一七　徐州至正阳路

徐州。四十五里桃山驿。五十里夹沟驿。四十里符离桥。廿里宿州。四十里南平集。三十里赵家集。廿里版桥集。三十里蒙城县。廿里落陀铺。廿里陈抟桥。廿里戴家集。三十里小张村集。三十里下蔡。三十里寿州。六十里至正阳。本镇至襄阳府,见十四。

---

①“两”,底本作“西”,据《士商类要》卷二之八二、《路程图引》卷二之八二改。

②“萧”,底本作“肃”,按南直隶徐州无“肃县”,萧县在徐州西南,为徐州至汴城必经之路,“肃县”当为“萧县”之误。据《纪要》卷二九、《明史·地理志》改。

③“赵家圈”,底本脱“家”字,据《士商类要》卷二之九一、《路程图引》卷二之九一补。

④“丁家道口”,底本脱此四字,据《士商类要》卷二之八二、《路程图引》卷二之八二补。

⑤“四十里归德府”,底本脱“四十里”三字,据《士商类要》卷二之八二、《路程图引》卷二之八二补。

一八　颍州至陈州路

颍州。三十五里王义官集。三十五里太和县。廿五里界沟[①]。八里旧县。廿五里税子铺。廿里界首。南直隶界廿里[②]。纸店。四十里怀方店。廿五里鲁台。廿五里冯唐。廿里穆家集。廿里陈州[③]。

一九　汴城至刘家隔路

开封府。四十五里朱仙镇。四十五里尉氏县。百廿里许州。六十里临颍县。六十里郾城县。六十里西平县。六十里遂平县。九十里确山县。五十里靳官人集。三十五里明港巡司。四十里付阳店。四十里至信阳州。三十五里红罗驿[④]。廿五里谈家窝。四十五里徐家店。十里限遮关。四十里应山县。四十五里接官亭。四十五里德安府。廿里利塘。廿里云梦县。七十里至刘家隔。

二〇　刘家隔至荆州路

刘家隔。六十里至黄家滩。六十里皂角埠。六十里景陵县。六十里渔泛洪泽口。四十里湖口。水面三十里。上岸。五十里至荆州府。

---

①“沟”，底本作“首”，《士商类要》卷二之八五：太和旧县二十五里至界沟。《路程图引》卷二之八五同。据改。

②“南直隶界”，底本脱“南”字，按明永乐以后，建都北京，以北平为直隶，南京改为南直隶，凤阳府太和县界首当属南直隶，据补。

③“太和县”至“陈州”，底本所载与本卷之四不同，与《士商类要》卷二之八五、《路程图引》卷二之八五亦异，待考。

④“红罗驿”，底本《水陆路程》同。按《寰宇志》《明会典》《纪要》诸书皆不载此驿，疑误。

二一 襄阳至荆州路

本府。六十里至潼口驿。六十里宜城县。九十里丽阳驿[①]。四十里洛乡司。廿里石桥驿。六十里荆门州。九十里建阳驿。九十里至荆州府。

二二 济宁州至泰山顶路

本州。四十里至沿村店。廿里安桥。三十里宁阳县。三十里红边屯。渡。廿里奶奶庙。廿里东巷店。三十五里灌口。廿五里泰安州。四十里至泰山顶。即东岳岱山。

二三 归德府至南阳府路

本府。三十里至水石铺。廿里观音堂。廿里宁陵县。五十里睢州。三十里长冈集。五十里商柴集。十里后台。三十里长营。五十里扶沟县。四十里鄢陵县。三十里五女店。三十里许州。五十里尹桥。廿里矾水铺。十里襄城县。九十里叶县。六十里保安驿。六十里裕州。六十里博望驿。六十里至南阳府。

二四 徐州至临清州路

徐州。三十里至茶城。三十里村站。五十里沛县。三十里庙道口。廿里沙河。四十里南阳。廿里鲁桥。三十里新店。三十里济宁州。四十里康庄驿。四十里汶上县。廿五里沙河站。四十里安山。廿五里戴家庙。廿五

① “丽阳驿”，底本脱“驿”字，据《明会典》卷一四五、《路程图引》卷二之七八补。

里张秋。廿里阿城。阿胶产于此。三十里官窑口。四十里东昌府。三十里梁家乡。三十五里孔家集。三十里至临清州。

淮安府至徐州陆路,见卷二之十二。南京由和州至徐州,陆路见卷二之八。扬州至徐州水,见卷五之二。

二五 扬州府至陕西西安府路

扬州府四十里甘泉山。廿五里大仪。廿里小店。四十里天长县。三十里石梁河。三十里张公铺。三十里连塘。廿里义井。廿里盱眙县[①]。过河,至泗州[②]。三十里包家集。三十里双沟。三十里斗江口。三十里上塘。三十里冷饭墩[③]。二十里虹县[④]。三十里长直沟。三十里灵璧县。四十五里大店驿。铁佛寺。柳市里。共四十五里。南宿州。七十里百善道驿。六十里永城县。六十里夏邑县。五十里虞城县。六十里宁陵县。六十里葵丘驿。七十里杞县。六十里陈留县。五十里汴梁城。七十里中牟县。七十里郑州。七十里荥阳县[⑤]。四十里汜水县。六十里洛口驿。六十里首阳驿。七十里河南府。四十里磁涧。三十里新安县。三十里青龙山。廿里义昌驿。四十里渑池县。五十里上金银山。廿里下金银山。至硖石驿。六十里陕州。六十里灵宝县。五十里阌乡县。六十里潼关。四十里华阴县。六十里华州。六十里渭南县。七十里临潼县。五十里至西安府。

---

①“盱眙县”,底本脱此三字,据《士商类要》卷二之五四、《路程图引》卷二之五四改。

②“过河至泗州”,底本脱“过河至”三字,据《士商类要》卷二之五四、《路程图引》卷二之五四改。

③“冷饭墩”,底本脱此三字,据《士商类要》卷二之五四、《路程图引》卷二之五四补。

④“二十里虹县”,底本脱“二十里”三字,据《士商类要》卷二之五四、《路程图引》卷二之五四补。

⑤“荥”,底本作“荣”,据《纪要》卷四七、《明史·地理志》改。

中岳嵩山，在河南府东百四十里登封县。北极庙在绝顶。三将军柏，在嵩阳宫，一大者围六人，汉武曾封。初祖面壁庵，在少林寺后天中山。无影台，夏至日亭午，石柱无影。瀑布泉，阔三丈，自顶而倾，岁旱不息。西岳华山，华阴县南，八里至西岳庙。唐柏五株，在庙中，一大者围四人。唐明皇御制碑，高五丈。有楼百七十楹，在前土台之上，中楹特高大，与岳对。希夷睡像在玉泉院洞内，身存于石，函可启见。

卷七　江南水路

一　大江源下水，由夏港至无锡县

大分水岭。江源始此。二百三十里至松潘卫古松驿。百里归化驿。百里镇平驿。并属松潘。六十里叠溪所来远驿。六十里长宁驿①。七十里茂州护林驿。六十里安远驿。属茂州。七十里寒水驿。八十里太平驿。并属汶川县。一百里永康驿。灌县。六十里四川成都府锦官驿。九十里广都驿。六十里木马驿。并属华阳县。六十里龙爪驿。七十里武阳驿。六十里眉州驿。六十里石佛驿。属眉州。七十里青神驿。六十里峰门驿。属青神县。七十里平羌驿。嘉定州。六十里嘉定州凌云驿。九十里三圣驿。百廿里。沉犀驿。六十里下坝驿。犍为县②。六十里月波驿。六十里宣化驿。六十里真溪驿。并属宜宾县。六十里牛口驿。叙州府。六十里叙州府汶川驿。西去马湖府。六十里李庄驿。七十里龙腾驿。属南溪县。六十里江安驿。六十五里董坝驿。属江安县。六十里纳溪县纳溪驿。南入乌撒卫，至云、贵，为西路。东七十里泸州泸川驿。大船止此。六十里黄舣驿。属泸州。七十里神山驿。六十里牛脑驿。六十里史坝驿。并属合江县。六十里汉东驿。六十里石门驿。七十里石羊驿。六十里僰溪驿。江津县。六十里铜罐驿。六十里鱼洞驿。并属巴县。一百里重庆府巴县朝天驿。本驿北，陆路十二驿八百八十里至成都府，详卷三之

① “宁”，底本作“林”，据《寰宇志》卷六一、《明会典》卷一四五改。
② “犍”，度本作“捷”，据《纪要》卷六六、《明史·地理志》改。

廿四。东一百里木洞驿。巴县。百里龙溪驿。长寿县。七十里蔺市驿。属涪州。六十里涪州涪陵驿。水往黔江千户所。六十里东青驿。八十里酆都县酆陵驿。一百十里花林驿。忠州。八十里忠州云根驿。一百廿里曹溪驿。忠州。六十里瀼途驿[①]。八十里集贤驿。六十里周溪驿。并属万县。六十里云阳县巴阳驿。九十里五峰驿。百里南陀驿。六十里安平驿。往施州。并属夔州府。七十里夔州府永宁驿。百廿里巫山县高唐驿。十二峰。阳云台高百廿丈,神女庙在焉。九十里万流驿。归州。七十里巴东县巴山驿。七十里归州建平驿。属楚。西陵、白狗二峡。六十里屈溪驿。属夷陵。今革。六十里夷陵州黄牛驿。川江至此,水始平。黄陵庙。六十里凤栖驿。属夷陵。百廿里白羊驿。宜都县。九十里潘家溪驿[②]。松滋县。六十里流店驿。属枝江县。六十里荆州府荆南驿。六十里孱陵驿。属公安县。六十里柳子驿。六十里石首驿。六十里调弦驿。并属石首县。六十里塔市驿。监利县。七十里黄家驿。华容县。九十里城陵矶。洞庭湖诸水,至此会于大江。南廿里至洞庭湖口,岳州府在焉。东六十里鸭栏驿。百十里石头口驿。七十五里鱼山驿。九十里簰洲驿。并属嘉鱼县。九十里金口驿。六十里湖广城武昌府夏口驿。并属江夏县。六十里阳逻驿。属黄冈县。百廿里黄州府齐安驿[③]。六十里兰溪驿。属蕲水县。百廿里蕲州蕲阳驿。产龟、蛇,竹、艾并佳。六十里富池驿。百廿里九江府浔阳驿。六十里湖口县彭蠡驿。南入鄱阳湖[④],去江西、闽、两广。东百廿里龙城驿。彭泽县。百十里雷港驿。百廿里安庆府同安县同安驿。八十里李阳河驿。陆路至此。渡大江。六十里池州府池口驿。八十里大通驿。百三十里荻港驿。百廿里橹港驿。十里芜湖县。百里采石驿。九十里南京大胜关。三十里上新河。三十里下关龙江驿。九十里龙潭驿。南至栖霞寺廿五里。东五十里仪真县。

①“瀼”,底本作“让”,据《明会典》卷一四六、《纪要》卷六九改。
②“潘家溪驿”,底本脱“溪”字,据《寰宇志》卷五三、《明会典》卷一四六补。
③“齐”,底本作“高”,据《寰宇志》卷五一、《明会典》卷一四五改。
④“鄱阳湖”,底本脱“阳”字,据《纪要》卷八三、《明史·地理志》补。

五十里镇江府。三十里丹徒港。三十里五圣庙。十里徐山。八十里孟河口巴斗山。取孟河口，由奔牛出官塘，百五十里至常州。东九十里夏港口。东至江阴口十里。南十里采金闸。即南闸。三十里月胜桥。十里青阳桥。四十里高桥。十里无锡县。北去常州、镇江二府。南往苏州、浙、闽、江西。

嘉定州平羌镇至峨眉山路

平羌镇。小船。四十里路口。上岸。八十里黄几根。八十里登峻坡。九十里老保楼。十里峨眉县。六十里白水寺。上山。顶心坡。小深坑。共五里大深坑。十里长老坪。六里蛇到退。十里猢孙梯。十里初欢喜。十五里梅子坡。十里。雷神殿。十里。八十四盘。路有八十四曲折也。欢喜亭。天仙桥。天门石。共三里。光相寺。金刚台。普贤殿。

普贤殿在绝顶，风极大，瓦以铁为之，放光奇迹晴则见，惟四五月可登。其山后坑雪，冬夏不消，七八月，雪封崖径，不可往矣。南京陆路至成都府，由陕西连云栈难行，计程四千三百十五里，详卷二之十。南京由寿州至成都，计程四千五百八十里，好行。或由黄州府、荆门州而去，亦迩。并详卷六之十一。大江源出松潘之西二百三十里大分水岭，北流，入陕西洮河，南入甘松岭，穿松潘城，神禹所凿，下流，入成都，是为江渎之源。雪阑山在松潘城之东，望山关三十里，四时积雪不消，俗呼“宝顶”，即古之岷山。江源自大分水岭流至成都九百九十里，水不甚急，百石船止于泸州。泸之东，合西汉江、马湖、嘉陵江、涪江、巴江、乌江，水始大。至夔州府西一里，江中孤石独立，即滟滪堆，冬出二十丈，夏即没，谚名犹豫，舟人云：“犹豫大如象，瞿唐不可上；犹豫大如马，瞿唐不可下。”又云：“水满石没”，即此也。犹豫，舟人取途不定，因名，以此为水侯。川峡甚多，西陵峡[1]、归峡、巫峡为三峡，惟黄草峡、瞿唐峡甚险。三峡七百里中，两岸连山无阙，重

①“陵”，底本脱，据《寰宇志》卷六五、《纪要》卷七五补。

岩叠嶂，隐天蔽日，非亭午及午夜，不见日月，风无南北，惟有上下。大船止于泸州，牵夫甚苦，商人亦劳，至夷陵州水始平。地产不美于西川，制造不及东南，水急鱼少。子出衡阳，以鸡哺。往城陵矶之下，风、盗宜防。自湖广至仪真，强盗出没不时，有夹洲处，贼尤甚。夏港口有斜沙入江心，未过沙而转尖者，浅其沙上，货无粗细，一例而掳。凶年贼多。海风不时而起，无可避之处，重货收此港，客当别驾。

二　大江上水，由洞庭湖东路至云、贵

镇江府。江心金山寺。江北瓜洲。旧港。花筵港。荷叶港。私盐港。老鸦嘴。天灵洲。共五十里仪真县。螺蛳港。钥匙河。可泊。邓家窝。东沟。青山巡司。黄天荡。共五十五里。龙潭驿。瓜埠巡司。水、陆并廿里，至六合县。时鱼厂。观音阁。石灰山。南京下新河。中新河。共九十里。龙江关驿[①]。即下关。上新河。牙行聚此。梅子洲。共六十里大胜关。三山。江宁镇夹[②]。烈山。江心。和尚港。有寺。芝麻港。和州港。人头矶。共九十里。采石驿。李白墓。东梁山。巡司。西梁山。裕溪口。北去庐州府。水、陆。郝山矶。共百廿里。芜湖县。枭矶庙。江心。十里橹港。木牌至此复捆。螃蟹矶。芦席夹。三山。巡司。月子河。芦磨湾。河泊所。繁昌县。繁昌夹。泥汊河口去无为州，水、陆。板子矶。共百廿里。荻港驿。鲤鱼套。老鼠夹。钱家湾。丁家洲。铜陵县。六百丈。共八十里。大通驿。下袁子港。上袁子港。老洲头。梅根。麻布蓼。共六十里。清溪、池州府。在内。乌沙夹。中阳河。内桐城县。梁砣石。共八十里。李阳河。巡司。长风夹。巡司。召脑洲。黄溢河。共八十里安庆府。

---

①“龙江关驿”，《寰宇志》卷八、《明会典》卷一四五作“龙江驿”。

②“宁”，底本作“陵”，据《纪要》卷二〇、《明史·地理志》改。

张家港[1]。黄石矶。吉阳湖。东流县。龙船洲。莲花洲。对县。雷洲头。对花扬港。共百廿里。望江县。彭乐矶。香口蓼。急水沟。阳湾港。巡司。马当山。防风。小孤山。江心。娥眉洲。胭肢港。共百廿里。彭泽县。黄梅港夹。渚矶。牛屎港。炭港。巡司。共百廿里。湖口县。不可泊。段腰里。老鸦矶。小池口。巡司。共六十里。九江府。船纳料。宫牌夹。新开口。巡司。袁驮口。共八十里。龙坑。出棉花。三十里武家穴。出棉花。三十里蟠塘。对江。富池驿。十里橹息窝。廿里马口。十里杀人港。廿里蕲州。三十里渔阳口。三十里道士洑。廿里散花料。廿里回风矶。廿里兰溪驿。三十里巴河。三十里黄州府。对江。武昌县祭风台、赤壁。四十里三江口。廿里团风镇。三十里矮柳铺。三十里双流夹。对江[2]。白湖镇。巡司。廿里抽分厂。十里阳逻驿。廿里沙口。北去黄陂县。水廿里马公洲。廿五里汉口。源出陕西汉中府[3]。湖广城。黄鹤楼。鲇鱼口。巡司。金沙洲。陈公套。小均山。大均山。河泊所。共六十里金口驿。白人矶。巡司。江家湾。新滩口。巡司。老鼠夹。共九十里。簰洲。巡司。葛洲。共九十里。嘉鱼县鱼山驿。儿家洲。六溪口。乌龙矶。清江口。共七十五里。石头口。茅埠。巡司。老虎洲。白罗山。共百十里。临湘县。鸭栏驿。临湘夹。阳陵矶。道人矶。穿湖口。螃蟹矶。象湖港。共六十里。城陵矶。西由大江去四川。南廿里至岳州府。过洞庭湖，南曰青草湖、北曰洞庭湖。西北至澧州，湖面二百里；南至长沙、衡、永三府，两广、全州等处，湖面二百里，详本卷之九；正西湖面二百五十里，至红沾口。入沅江。百廿里龙阳县。八十里常德府。八十里桃源县。避秦故址。一百里

① “港”，底本作“湾”，据《士商类要》卷一之二七、《路程图引》卷一之二七改。

② “对江”，底本脱“江”字，据《士商类要》卷一之二七、《路程图引》卷一之二七补。

③ “源出陕西汉中府”，按此句与上文“汉口”语意不连贯，疑“源”上脱“汉江”二字。

川石。百里高都驿。六十里清浪驿。今革。六十里北溶驿。今革。六十里辰州府。六十里武溪驿。六十里辰溪县。百廿里江口驿。六十里铜安驿。八十里安江驿。八十里洪江驿。六十里黔阳县。七十里竹寨驿。今革。七十里盈口驿。百里沅州。至麻阳县百里。八十里至便溪驿。七十里晃州驿。六十里平溪驿①。七十里清浪卫。九十里镇远府。

本府陆路去云、贵，为东路，详卷一之五；南京西路至云、贵，详卷一之十四。沅江自桃源之上，水始急。上水，一月至镇远；下水，七日至常德，无水大之忧，有失可救。岳阳之下，风、盗详本卷之一。南京上新河有聚无产，风怕西北，不可久泊，有货当入港。草鞋夹中，虽谨慎，无风浪之防，夜偷摸，粗细货皆要；日调包，闻贱休买。盐船泊此候掣，柴炭至此抽分，木商至此再抽。芜湖泊船虽入港，江口怕风，此港深急，行步宜慎，门摊不税。江通巴蜀、云贵、湖广、江西、两广，南北商人交易于此，有聚无产，牙行诚实，利心轻。长江交易，仪真盐行大而有时，芜湖、上新河、瓜洲多而不绝，木客芜湖抽分。瓜洲小闸通江水，不通船，坝过下江运船，南北客货，牙行诚实。南渡镇江，水面十里，中有金山合浪，风大人多，必不可过。御史何偁，袁州府人，嘉靖初年，恶渡子，遣守边城，遇大风，旗悬渡止，至今有感。

三　城陵矶由大江上水至泸州

城陵矶。九十里黄家驿。七十里塔市驿。六十里调弦驿。六十里石首驿②。六十里柳子驿。六十里孱陵驿。六十里荆州府。六十里流店驿。六十里松滋县。九十里白羊驿。百廿里凤栖驿。六十里夷陵州。六十里屈

① “平溪驿”，底本“溪”下衍“卫”字，据《明会典》卷一四六、《纪要》卷一二二删。

② “石首驿”，底本脱“驿”字，据《明会典》卷一四五、本卷之一补。

溪驿。六十里归州。七十里巴东县。七十里万流驿。九十里巫山县。百廿里夔州府。七十里安平驿[①]。六十里南陀驿[②]。百里五峰驿。九十里云阳县。六十里周溪驿。六十里万县。八十里瀼途驿。九十里石宝。九十里忠州。八十里花林驿。百十里酆都县。八十里东青驿。六十里涪州。六十里蔺市驿。七十里长寿县。百里木洞驿。百里重庆府。百里鱼洞驿。六十里铜罐驿。六十里江津县。六十里石羊驿[③]。七十里石门驿[④]。六十里汉东驿[⑤]。六十里史坝驿[⑥]。六十里牛脑驿[⑦]。六十里神山驿。七十五里黄舣驿[⑧]。六十里泸州。

上水,大船止于泸州,每日行一站,阻风不阻雨。

四　江西城由广信府过玉山至浙江水路

江西南昌府。六十里赵家围。六十里瑞虹。九十里龙窟。八十里安

① “安平驿”，底本脱“驿”字，据《士商类要》卷二之一〇〇、《路程图引》卷二之一〇〇补。

② “南陀驿”，底本脱“驿”字，据《士商类要》卷二之一〇〇、《路程图引》卷二之一〇〇补。

③ “石羊驿”，底本脱“驿”字，据《士商类要》卷二之一〇〇、《路程图引》卷二之一〇〇补。

④ “石门驿”，底本脱“驿”字，据《士商类要》卷二之一〇〇、《路程图引》卷二之一〇〇补。

⑤ “汉东驿”，底本脱“驿”字，据《士商类要》卷二之一〇〇、《路程图引》卷二之一〇〇补。

⑥ “史坝驿”，底本脱“驿”字，据《士商类要》卷二之一〇〇、《路程图引》卷二之一〇〇补。

⑦ “牛脑驿”，底本脱“驿”字，据《士商类要》卷二之一〇〇、《路程图引》卷二之一〇〇补。

⑧ “黄舣驿”，底本脱“驿”字，据《士商类要》卷二之一〇〇、《路程图引》卷二之一〇〇补。

仁县 。百里贵溪县。八十里弋阳县。八十里铅山县河口[1]。八十里广信府。百里玉山县。陆路。四十里草平驿[2]。今革。四十里常山县。下水。八十里衢州府。八十里龙游县。八十里兰溪县。九十里严州府。西去徽州。东五十里钓台。子陵祠。三十里桐庐县。九十里富阳县。九十里钱塘江。十五里杭州府。

江西至玉山,水缓;夜有小贼,可防;无风浪之险。铅山河口之上,滩多水少,船不宜重。草平路上,脚夫弱,饭店洁。衢州船户良善,富阳之下,潮、盗可防。若闻潮大,富阳陆路至于江口。滩洪缓急、潮候,并详本卷之三十七。

五　杭州府、官塘至镇江府水路

钱塘江口。万松岭。凤山门。朝天门。吴山。共廿里。武林驿。北关门。十里德胜坝。五里北新关。四十五里武林港。西北百里至湖州府。北五里塘栖。九里落瓜桥。九里五黄桥。九里双桥。二座。九里大茅桥。九里宋老桥。一里远店桥。八里崇德县。廿里石门。廿里皂林。廿里斗门。东五里至濮院。北廿里嘉兴府。东去松江百廿里。北五里杉青闸。三十里王江泾。三十里平望。西去湖州府。北廿里八尺[3]。廿里吴江县。廿里尹山桥[4]。十里灭渡桥。十里盘门。五里胥门。五里苏州府阊门。十里枫桥。寒山寺。廿里浒墅关。廿里望亭。廿里新安。廿七里无锡县。十里至惠山第二泉。北十里高桥。出夏港。十五里洛社。廿里横林。三十五里常州府。十五里洞子河。

① “铅”，底本作“沿”，据《纪要》卷八五、《明史·地理志》改。

② “平”，《明会典》卷一四五作“苹”，《纪要》卷九三作“萍”，诸说不同，待考。下同。

③ “尺”，底本作“测”，据《士商类要》卷一之一〇、《纪要》卷二四改。下同。

④ “尹山桥”，底本脱“桥”字，据《路程图引》卷一之一〇、《纪要》卷二四补。下同。

十五里奔牛。出孟河，七十里至江口。北廿里吕城。五十里丹阳县。三十里新丰。三十里丹徒。镇江水少，于此搭江船亦可。北廿里镇江府。北渡江，十里至瓜洲，又三十五里至扬州。西北五十里至仪真县。西二百里至南京。

浙江杭州府至镇江，平水，随风逐流，古称平江。船户良善，河岸若街，牵船可穿鞋袜。船皆楠柏，装油、米不用铺仓。缓则用游山船漫漫游去，急则夜船可行百里，秋无剥浅之劳，冬无步水之涉，是处可宿，昼夜无风、盗之患，惟盘门、五龙桥、八尺、王江泾、大船坊、塘栖小河多，凶年有盗，艘船无虑，早晚勿行。苏州聚货段疋外，难以尽述，凡人一身、诸行日用物件，从其所欲皆有。水多，诸港有船，二文能搭廿里程，一人可代十人劳。御史朱实昌，瑞州府人，嘉靖七年奏定门摊客货不税，苏、松、常、镇四府皆然，于是商贾益聚于苏州，而杭州次之。

六　杭州迂路由烂溪至常州府水路

六和塔。十里上闸口。十里凤山门。入城。十里回回坟。上夜船。十里东新桥。五里沈塘湾。四十五里临平山。三十五里长安坝。十里出官塘。十里崇德县。廿里石门。入小桥，共十三座。三十里乌镇。廿里十八里桥。三洞。十里师姑桥。三洞。十里钱马头。十里滩溪桥。今坏。十里菱荡。十里大船坊。十里平望。廿里八尺。廿里吴江县。长桥七十二洞。廿里尹山桥。宝带桥五十二洞。廿里盘门。五里胥门。姑苏台。三里阊门。西十里枫桥。西北十里虎丘山。廿里浒墅关。廿里望亭。五十里无锡县。十里高桥。四十里青杨桥。十里月胜桥。三十里采金闸。东十二里至江阴县。北三十里至石堰。廿里镇渡桥。三十里常州府。

烂溪[1]、乌镇无纤路，水荡多，人家少，荒年勿往，早晚勿行。小桥

①“烂”，底本作“滥”，据《纪要》卷九一、《清统志》卷二八七改。

多，虽有顺风，帆桅展舒费力，逆风极难。平望鹰脰湖中，风、盗宜防。阊门外有五水，名五龙潭，东入城，出葑、齐、盘、娄四门，南去杭州；北由昆山、太仓、刘家河出海；西北由虎丘山塘达于浒墅；正西由枫桥、官塘出浒墅。境有江村寒山寺，张继题诗处也。寺内，寒山拾得二像，自唐至今，笑颜可掬。吴王墓在虎丘塔下，自剑池而入。江阴县至常州，河小水少，大船不通，水涸勿去。自常州至浙江，牙行须访，价值难听，接客之徒诓诱，阊门市上货杂，不识休买，剪绺宜防。

七　苏、松二府至各处水路路须多迂，布商不可少也。

苏州府由嘉兴府至上海县

本府。五十里吴江县。四十里平望驿。三十里王江泾。三十里嘉兴府。十里东栅口。南六十里至平湖县。东三里七里桥。廿四里嘉善县。即魏塘[①]。六里张泾汇。有窑。十二里风泾[②]。十八里泖桥[③]。一座五洞。九里朱泾。十三里斜塘桥。二座六洞。十四里松江府跨塘桥。三十里泗泾[④]。廿里七宝[⑤]。陆路。三十里头口。至上海，水。廿四里龙华寺塔[⑥]。即黄浦。十二里上海县。此为外河。

嘉善县至嘉兴府，或遇顺风，由本县西门过跨塘桥，十二里至三店石条街，又十七里出嘉兴。北离桥不通大船，桥低，遇风可行，无纤路，近九里。

---

①“魏”，底本作“渭”，《纪要》卷九一：嘉善县本嘉兴县之魏塘镇。《清统志》卷二八七：魏塘故镇，今嘉善县治。据改。

②“风”，底本作“丰”，据《纪要》卷二四、《清统志》卷八三改。下同。

③“泖桥”，底本“桥”下衍“寺”字，据《士商类要》卷一之一二、《路程图引》卷一之一二删。下同。

④“泗”，底本作“四”，据《纪要》卷二四、《清统志》卷八三改。

⑤“宝”，底本作“保”，据《纪要》卷二四、《清统志》卷八三改。下同。

⑥“华”，底本作“化”，据《清统志》卷八三改。

松江府由南翔至上海县

松江府。三十里砖桥。四十里陆家阁。四十里南翔。廿里江桥。即吴淞江。三十里至上海县。

松江府由官塘至苏州府

松江府。廿里凤凰山。十八里北昆山。十八里唐行。四十里陶桥。三十里昆山县。七十里苏州府。

松江府由太仓至苏州府

松江府。三十里砖桥。四十里陆家阁。四十里南翔。三十里嘉定县。陆路。四十里至刘家河。水。四十里至太仓州。四十里昆山县。七十里苏州府。大塔在北寺，九崇至顶，四百一十尺。

松江府搭双塔船至苏州府

松江府跨塘桥。十八里泖湖。广十八里南路。十二里谢寨关。巡司。十八里澱山湖。广十八里。双塔三十里陈湖。广十八里。大窑六里十八间村[①]。六里高店。六里独树湖。六里黄天荡。六里葑门。九里盘门。九里阊门。

苏州府由周庄至松江府

阊门。九里盘门。九里葑门。六里黄天荡。六里独树湖。六里高店。十八里邓店。十八里周庄。十八里杨善。十八里谢寨关。十二里南路。十八里泖湖。廿里跨塘桥。五里松江西门。

松江府由嘉善县三白荡至苏州府

松江府前。廿里斜塘桥。十三里朱泾。九里泖桥。十八里风泾。十二里张泾汇。六里嘉善县西门。跨塘桥船。一里雇长春桥。四十五里芦魁。一里三白荡。一连三荡，广十二里。牛蚕泾。十二里叶寨湖。十二里同里镇[②]。十八里尹山。十八里盘门。十里阊门。

---

①“十”，《士商类要》卷一之一九作“大”，《路程图引》卷一之一九同。

②“同”，底本作“铜”，《纪要》卷二四：同里镇，唐初名“铜里”，宋改今名。据改。

苏州由陶桥至松江府[①]

本府出葑门，六里金鸡堰。六里斜塘。六里唐浦。入吴淞江。廿里角直。角音鹿。十五里大慈。十里陶桥。三里吴家桥。五里石浦。五里赵屯桥。五里平巷。五里白鹤江。五里青浦。八十里至松江府。

陶桥至刘家河

陶桥。十里千墩。十里张浦。十五里车塘。十五里昆山县。三十六里太仓州。百廿里刘家河。参将一员防海。

白鹤江由烧香山至松江府

白鹤江。廿里杜村。廿里唐行。廿里烧香山。五里广浦林。廿里松江府秀野桥。

松江府至金山卫

本府出西门清水石桥，搭日船。三十里松隐寺。搭三十里。长堰。十八里金山卫。

嘉兴府至金山卫水、陆路

东府东栅口。六十里平湖县。廿七里广陈。十二里新仓。陆路。五十里金山卫。

松江府至吴淞所水、陆路

本府北门。十八里唐桥。五十里南翔。廿里嘉定县。十一里罗店。水、陆并三十六里，至吴淞所。

又陆路：东门洞泾船四十五里至七宝。陆路，廿七里真如，十二里至大场，三十里杨家行，十里至吴淞所。

---

① “陶桥”，底本“陶”下有“家”字，《纪要》卷二四：千墩又东南十里为陶桥。据删。以下迳改。

松江府至乌泥泾

本府出北门，十五里新桥。六里陈家行。十里新村桥。三里莘庄①。十里至乌泥泾。纺棉纱脚车，始自本处一老妇。

陶桥至各处

陶桥至唐行，四十里。至横塘五里。至王相泾十五里。至朱家阁三十六里。至北斜路三十里。至金家桥廿五里。至古塘桥三十六里。至沈巷六十里。至太来桥五十里。至烧香山七十里。至小蒸七十里②。至章连塘六十五里。至湖口廿里。至顾庄十八里。至碛礇廿里。至尚门田十里。至陶家浜五里。至周家舍五里。

嘉兴至松江，无货勿雇小船。东栅口搭小船至嘉善县，又搭棉纱船至松江，无虑。大船至上海，由泖湖东去，黄浦为外河，有潮、盗之防。松江至苏州，由嘉定、太仓、昆山而去，无风、盗之忧。上海艘船，怕风防潮。南翔地高，河曲水少，船不宜大，过客无风、盗之念，铺家有白日路来强盗之防。地产香芋、黄鸡，并佳。至上海，或遇水涸，七宝、南翔并有骡马而去，港多桥小，雨天难行。嘉善由三白荡至苏州，无纤路，亦无贼，且近可行。由泖湖双塔船至苏州，有风、盗、阻迟之忧，船大人多，雨天甚难。船属宦家，永久难变，甚受其害。干粮宜带。泖桥东去黄浦，西去黄泖，南往嘉兴，北去松江，早晚多盗，宜防。

八　江西湖口县由袁州府至衡州府水路

湖口县。大孤山③。女儿港。共六十里。青山。庐山。共六十里。

---

①“莘”，底本作“新”，据《肇域志·江南九·松江府》、《纪要》卷二四改。
②“蒸”，底本作“真”，据《肇域志·江南九·松江府》、《纪要》卷二四改。
③“山”，底本作“塘”，据《寰宇志》卷四〇、《纪要》卷八五改。

南康府。至文公白鹿书院四十里。南十里左蠡[①]。六十里渚矶[②]。六十里吴城。六十里昌邑。六十里凤凰洲[③]。十里江西城。三十里高家渡。三十里市汊。五十里曲江[④]。十里丰城县。三十里熊家港。三十里樟树。三十里临江府。三十里滩头。三十里黄土。三十里罗家坊。三十里中郭市。三十里新喻县。十里杨村。六十里版壁铺。十里水口。十里绣塘。十里钟山洪。十里分宜县。十里金堂铺。十里昌山铺。昌田洞深十里,秉烛可游。十里滨江。石乳洞深五里,亦可游。十里。深新铺[⑤]。十里杨冈。十里石牌。十里桑岩。十里黄石。十里下浦。十五里袁州府。十里十地江。十里五江口[⑥]。十里岩凤下。十里沙泉。十里西村。十里张家坊。五里杨村湾[⑦]。十里仙峰。廿五里芦溪。陆路。五十里萍乡县。上小船。三十里湘东。八十里醴陵县。冷水滩。青泥湾。牛阮洪。共九十里。渌口。巡司。六十里泗洲驿[⑧]。七十五里都石驿。六十五里衡山县。七十五里霞流驿。六十里七里驿。六十里衡州府。本府至广西,详卷一之三。

广西等府至两京,避大江者,此路极便。由广信府、浙江而下,无风、盗之虑。广信至浙江,详本卷之四。

---

①“左”,底本作“爪”,据《士商类要》卷一之四三、《天下路程图引》卷一之四三改。

②“渚”,底本作“珠”,《纪要》卷八四作“渚”,《清统志》卷三一六:渚矶在星子县七十里,当鄱阳湖之西渚。据改。下同。

③“洲”,底本作“滩”,据《纪要》卷八四、《清统志》卷三〇八改。下同。

④“曲江”,底本作“曲港”,《纪要》卷八四:章江至丰城县东北十里为曲江。《清统志》卷三〇八同,据改。下同。

⑤“深”,底本作“潭”,据《士商类要》卷一之四一、《示我周行》卷二之四五改。

⑥“五”,底本作“丑”,据《士商类要》卷一之四一、《路程图引》卷一之四一改。

⑦“杨村湾”,底本“湾”下衍“五里西村”四字,据《士商类要》卷一之四一、《示我周行》卷二之四五删。

⑧“驿”,底本作“滩”,《明会典》卷一四五有泗州驿,《纪要》卷八〇引《舆程记》:泗州驿北去渌口六十里,又西南七十五里至湘潭县之都石驿。据改。

九　衡州府至岳州府水路

本府临烝驿[1]。江下滩。枫树林。下黄港。樟木市。上黄港。下滩。有石。共六十里。七里驿。松塘江。大埠口。记江潭。有石。共六十里。霞流驿。萱石。鹭鹚滩。斗米洲。有石。龙影港。老人仓。大原滩。雇人放。线洲洪。雷家埠。往茶陵州水。出鱼、子。乌石矶。共七十五里。衡山县。干湘滩。石子滩。雇人放。皇华驿。石湾。鳌鱼滩。有石。长江。金壁港。茶江滩。有石。樊田滩。横鱼口。大石。鳜鱼滩。蒋家套。石洲。共六十五里。都石驿。挽洲望。大石。磨盘滩。朱亭。花石。青石滩。灌田。共七十五里。泗洲滩。雇水手放。昭陵滩。庙。鹧鸪矶。有石。濯前滩。有石。三门滩。水手放。空洲滩。共六十里。渌口。往袁州府水、陆。白沙庙。大鱼石。牛屎港。黄牛石。象石驿。凿石湾。寺。朱洲市。陆路去江西。石洪头。有石。古磉洲。下摄。巡司。一宿河。湘乡河。荻河。杨梅洲。共百十五里。湘潭县。昭港、暮云滩。巴矶滩。枯石湾。见康河。共九十里。长沙府水绿洲。罗塘河。卧羊山。下袁港。石珠洪。清江镇。萝卜洲。共七十里。彤关驿。静港。蓼湖滩。西入乔口巡司，去宝庆、常德、澧州水、陆。聚宝洲。青泥湾。三十六湾。汨罗江。共七十里。湘阴县笙竹驿。黄茅滩。芦陵滩。西去宝庆。黄陵庙。共六十里。营田驿。庙。青草湾。白鱼矶。庙。陈沙港。白鹤洲。鲫鱼夹。琴棋湾。共六十里。磊石驿。金鸡埠。钟庙。湖中。摘港。共六十里。鹿角驿。杉木港。水少，难泊。九马嘴。何公庙。高沙洲。布袋口。风大，减帆。君山。湘妃竹产于此。赖子山共七十里。岳州府。岳阳楼。下大江。至南京，详本卷之一。

---

① "烝"，底本作"蒸"，据《寰宇志》卷五六、《纪要》卷八〇改。

衡州至此，滩虽多，水深，大船可至衡州。鱼生南岳[1]，即霍山南岳庙。化生池，百鸟羽毛浮于池面。回雁峰，雁止于此不前；祝融峰，并在衡山县。自衡州至长沙，日无强盗，夜宜谨慎。湘阴之上，有放滩转湾之险，无风浪之忧。

一〇　湖口县由江西城至广东水路

本县。入鄱阳湖。女儿港。大孤山。共六十里。青山。神灵湖。共六十里。南康符。十里左蠡。五十里渚矶。六十里吴城。六十里昌邑。六十里凤凰洲。十里江西城南昌府南浦驿。生米观。河泊所。共六十里。市汊。龙凤沙洲。大江口。小江口。曲港。共七十里。丰城县剑江驿。黄土脑。老虎口。杨子洲。樟树镇。药材聚此。共九十里。临江府萧滩驿。永泰。大杨洲。河埠。共八十里。新淦县金川驿。八十里峡江县玉峡驿。八十里白沙驿。三曲滩[2]。吉水县。大洲头。罗紫山。文天祥墓。共八十里。吉安府螺川驿。安福河口。张家渡。共百廿里。淘金驿。鲜茶江口。泰和县[3]。将军庙。牛江口。束口洲。共一百六十里。浩溪驿。龙丘。柏树街。君滩。龙泉江口。万安县。共百廿里。五云驿。上十八滩。惶恐滩。大险。标神阁。棉绳滩。大溜滩。小溜滩。共八十里。皂口驿[4]。匡风滩。五座滩。黄金洲。凉滩。凉口。铜盆锡洲。共一百里。攸镇驿。石人坝。天子地。九脚滩。大乌洲。小乌洲。天挂滩。鳖滩。白涧

---

① “鱼”，底本脱，据《水陆路程》卷七之九补。

② “曲”，底本作“姑”，据《路程图引》卷一之三六、《示我周行》卷一之一一改。

③ “泰”，底本作“太”，据《纪要》卷八三、《明史·地理志》改。

④ “皂口驿”，底本“驿”下衍“滩”字，据《士商类要》卷一之三六、《示我周行》卷一之一一删。

滩储潭庙。水东岸。赣州府。虔镇都御史驻扎。共一百廿里。水西驿。高楼。黄金。巡司。共八十里。九牛驿。八十里南康县南埜驿。百廿里小溪驿。新开河滩。鸡足一连三滩。共百廿里。南安府大庾县横浦驿[1]。过大庾岭，即梅岭，唐开元中张九龄辟而广之，有祠。六十里中站。即红梅关。六十里南雄府保昌县凌江驿。下水。鹅颈滩。共九十里。黄塘驿。黎壁滩。撑腰滩。过路滩。蛇潭滩。鸡爪滩。云屯滩。渊鱼滩。天子地。五指滩。黄塘角。始兴县水口。懒步滩。番船滩。马眼滩。鹅卑滩。山顶滩。波罗滩。银筋滩。湾险。金匙滩。马战滩。青塘滩。中塘滩。冷田滩。麻羊四滩。台角滩。鸡笼滩。苏度硬滩。牛脚磡滩。转风滩。新妇滩。中洲纂滩。共一百里。平圃驿[2]。挂榜山。柳州坡滩。下泻油滩。上卷尾滩。仁化县水口。九里十三坡。九思滩。打顿滩。辣石滩。茶头滩。张九龄祠、墓。金丞相庙。共百里。韶州府曲江县芙蓉驿。洗马滩。磨面滩。河西口滩。大小宫滩。白芒滩。老虎口。掘头硬滩。赤水滩。毛洲尾滩。中流角滩。西入乳源县。虎榜山。曹溪水滩。东入六祖南华寺。下窑尾滩。乱石滩。中挂滩。黄茅峡滩。子篙滩。果滩。共一百里。濛瀼驿。月华滩。乌口滩。浅口滩。鱼梁滩。凭头滩。牛屎滩。险。芦席角滩。泻洒滩。磨刀滩。弹子矶。狮子角滩。五婆城滩。清浔滩。五王滩。有五官庙。共一百里。清溪驿。清溪角滩。险。箭迳滩。粉团滩。龙头硬滩。三板滩。金鸡石滩。观音山。翻风燕滩。太平滩。合洲滩。菜洲滩。共一百里。英德县浈阳驿。有夜船至省。东入翁源县[3]。浪石滩。大小银瓶二滩。钓丝滩。浈阳滩。浈阳峡。洸口。巡

①“浦”，底本作“圃”，据《寰宇志》卷四四、《明会典》卷一四五改。

②“圃”，底本作“浦”，据《寰宇志》卷一〇三、《明会典》卷一四六改。底本“驿”下衍“滩”字，据《士商类要》卷一之三六、《示我周行》卷一之一一删。

③“翁源县”，底本脱“源”字，据《纪要》卷一〇〇、《明史·地理志》补。

司。**星子镇水口**[①]。西去连州。**香炉峡**。**大庙峡**。共一百廿里。**横石矶驿**。九十里**清远峡**、**清远县安远驿**。六十里**回岐驿**。六十里**胥江驿**。九十里**官窑驿**。八十里**广州府五羊驿**、**怀远驿**。为夷人所设。

湖口县不可艐船，怕西北风，南康官造一塘，专于泊舟。庐山在目，爪鼇狂风，必不可过。自湖口至于康郎山，盗贼不时而有，江中强盗得财便休，惟此湖贼凶贪无厌，杀人常事。北入吴城，南入赵家围，风、盗渐可省。下漳江，大风宜慎。瑞河口、象牙潭、老虎口贼出早晚。樟树换三板船，上去无虑，船户安分，食用洁净。万安南十八滩，上无害而下难。赣州之上，近有瘴气，出门宜迟，舟中无害。梅岭路隘，驴马遗溺甚臭，宜醉饱而去。浈江多滩无石，上难而下易，船大无虑，峡中山蛮宜防。至于广城，阳泄阴盛之地，花不谢，雪不下，人多湿疾，宜保真元，自不能入。镇江至湖口，水路详本卷之二。

一一　广东至安南水、陆路即交趾。

广州府。七十里**官窑驿**。四十里**西南驿**。三水县。**灵洋峡**。共百廿里。**肇庆府松台驿**。产端溪砚、漆。**潇湘峡**。共百廿里。**新村驿**。**悦城镇**[②]。**三洲岩**。共一百里。**德庆州寿康驿**。**都城**。巡司。共百廿里。**封川县麟山驿**。**贺县水口**。**界首**。共七十里。**梧州府府门驿**。两广都御史、太监、总兵驻扎。**漓江水口**。源出兴安县海阳山。**亦水**。巡司。共百廿里。**藤县藤江驿**。**濛江口**。有贼。**白石**。巡司。共三十里。**黄丹驿**。四十里**白马堡**。**将军滩**。共四十里。**平南县乌江驿**。八十里至**牛屎湾堡**。**新藤峡水口**。共九十里。

---

①“镇”，底本作“县”，按星子县在江西南康府，与地望不合。《纪要》卷一〇一：又有星子镇，在广州府阳山县北。据改。

②“悦”，底本作“越”，《纪要》卷一〇一：悦城镇有悦城乡巡司。《明史·地理志》：悦城乡巡司治悦城故县。据改。

浔州府府门驿。四十里淹冲堡。六里秀江堡。七十四里东津驿。八十里贵县怀泽驿。百三十里香江驿。乌蛮滩。右江。巡司。六十里乌蛮驿。中经滩险。共四十里。横州州门驿。三十里滩。共四十里。南乡。巡司。四十里火烟驿。属永淳县。十二矶。三洲头滩。共八十里。永淳县永淳驿。修德。巡司。鹿颈。贼。笔砚矶。八尺。巡司。共四十里。黄范驿。属南宁府宣化县。乌泎滩。豹子石。共七十里。南宁府建武驿。四十里左、右江口。丽江为左,盘江为右,二源并出云南。左江口。三十里大滩驿。四十里罗阳县陇茗驿。七十里左州驮朴驿。九十里至太平府左江驿。一百廿里龙州龙游驿。陆路。四十里凭祥州凭祥驿。三十里至界首关。三十里坡唯站。旧名坡叠站。洞濮站。不濮站。不博站。界首起,二百四十里卜邻站。一百里濮上站。丕礼站。昌江站。市桥站。吕塊站。共二百十里。渡富良江至安南城①。

自入左江口,两岸连山峭壁,惟此一水通于龙州,石山始断,至于凭祥,石山复出。界首之南,皆土山,缘坡岭行,至卜邻站,山沟深峻,过濮上站始平。本站共二百六十里,渡富良江,入安南城,此路最近。自龙州正南广源州江,入白藤大小两江,亦近;自右江山隘入,则远;由钦州渡海,一日至。

一二　广西浔州府至庆远府水、陆路

浔州府。西北四十里镇峡堡。入柳江。上水。四十里碧滩堡。百廿里。武宣县仙山驿。中经弩滩。新滕峡。锁筒滩。牛角滩。险。共十里。象州象台驿。中经金滩。麻子滩。险。洛容县江口驿。七十里柳州府马平县雷塘驿。七十里柳成县东江驿。罗思驿。大曹驿。属宜山县。庆

① "安",底本作"交",据《安南图志》《明史·外国传》改。下同。

远府宜阳水驿。

一三　广东城至惠、潮二府水、陆路

五羊驿。百廿里增城县东洲驿。九十里东莞县黄家山驿[①]。八十里铁冈驿。七十里苏洲驿。四十里惠州府归善县欣乐驿。百里水东驿。五十里莫村驿。博罗县。百三十里苦竹派驿。九十里河源县宝江驿。八十里义合驿。百七十里蓝口驿。并属河源县。六十里龙川县雷乡马驿。过岭。六十里至通衢马驿。六十里兴宁水马驿。下水。七十里七都驿。并属长乐县。八十里程乡县榄潭驿。七十里程江驿。六十里松口驿。并属程乡县。五十里大埔县[②]。四十里三河驿。百里产溪驿[③]。七十里至潮州府海阳县凤城驿。百里饶平县黄冈马驿。八十里至福建漳州府。

一四　湖口县至广信府玉山县水路贵溪县至建昌府附。

本县。六十里青山。六十里南康府。西去江西。大鸡山。小鸡山。蜈蚣山。共百廿里。都昌县。赤石塘。共六十里。饶河口。东去饶州。猪婆山。四山塘。南山亘。康郎山。忠臣庙。巡湖守备一员。东至袁岸口三十里[④],东南至瑞虹八十里,东至饶河口五十里,西至团鱼洲廿里,北至都昌县六十里。山在湖中,前后多盗,谨慎。梅旗山。共八十里。瑞虹。西去抚州。富家格。新宁口。苦竹。渔家埠。坝口。三十六湾。乌江口。共九十里。

---

①“家”，底本脱，据《寰宇志》卷一〇二、《纪要》卷一〇一补。

②“埔”，底本作“浦”，据《纪要》卷一〇〇、《明史·地理志》改。

③“产”，底本作“彦”，据《寰宇志》卷一〇四、《纪要》卷一〇三改。下同。

④“袁”，底本作“表”，据《纪要》卷八五、《清统志》卷三一一改。

龙窟。故村。八字脑。大九渡。大树埠。留步滩[①]。黄金埠。六汉港。梅港。浮石。炭埠。共八十里。安仁县。石港。界牌。打石潭。东溪。鹰潭[②]。石鼓。冷水滩。金沙埠。九鸟滩。后河。共一百里。贵溪县。留口。大港[③]。下村滩。上河潭。下河潭。梅坑潭。桃花滩。舒家港。小箬埠。横洪滩。共八十里。弋阳县[④]。晚港口。连珠滩。潭石滩。西潼。篓石潭。舍家陡。烟望。马蹄湾。松树滩。青山头。叫岩寺。景佳。踏脚石。柴家埠。大、小心滩。共八十里。铅山河口[⑤]。南去福建。东八十里广信府。百里玉山县。

本县由衢州府至浙江,详本卷之四。自瑞虹至玉山,水缓,滩少,山秀,日无风、盗之患,夜泊须要船伴,船户良善。贵溪县一百里至上清宫,即龙虎山真人居处。本山一百里至金溪县,又一百廿里至建昌府。本府由杉关至福建延平、邵武二府,详本卷之三十四。

一五　铅山河口至福州府水、陆路

河口。三十里铅山县。陆路。四十里紫溪[⑥]。四十里乌石。四十里大安。四十里崇安县。下水。三十里武夷山。山景绝胜。四十里兴田驿。五十里天滩。挂滩。走马滩。考亭。朱子书院。五十里漳滩。险。五十里双溪口。五里白沙铺。五里和尚滩。叶坊驿。属瓯宁县。共四十里。羊角滩。青铜滩。挨脚滩。建宁府。共四十里。太平驿。四十里大横驿。廿五里张湖。

---

① “留步滩”,《士商类要》卷一之三一作“霞山”,《路程图引》卷一之三一同。

② “鹰”,底本作“英”,据《清统志》卷三一四改。

③ “港”,底本作“岩”,据《士商类要》卷一之三一、《路程图引》卷一之三一改。

④ “弋”,底本作“戈”,据《纪要》卷八三、《明史·地理志》改。

⑤ “铅”,底本作“沿”,《纪要》卷八五:上饶江自上饶县西流入弋阳县界,“谓之铅山河口”。《明史·地理志》同。据改。以下迳改。

⑥ “紫”,底本作“子”,据《士商类要》卷一之三一、《路程图引》卷一之三一改。

十五里黯淡滩。险。五十里延平府。西去汀州府。五十里茶阳驿。廿里罗汉阁。廿里沧峡。廿里黄田驿。三十里水口驿。属古田县。三十里大箬铺。五里小箬铺。八十五里白沙驿。属侯官县。六十五里羊源驿。廿里福州府三山驿。

建宁之下，两岸高山，无纤路。黯淡滩、漳滩水险，无岸可登。上水，由西岸无虑；下水，必由洪中，宜防。此路无风、盗之忧，有放滩之险。上杭埠至浦城，详卷八之十一。

一六　江西城至新昌县水路至万载县附。

南昌府。三十里高家渡。四十里市汊。七十里松湖。六十里瑞州府。七十里石头街。五里河口。水，去花桥。廿里界埠。廿里上高县。廿里凌江口。西去万载县。北三十里新昌县。四十里藤桥。五里天保凌江口。西廿里芦家埠。三十里镇渡。四十里万载县。七十里至株树潭。本处陆路至浏阳县，详卷八之十三。

一七　江西由休宁县至浙江水路

南昌府。三十里黄家渡。四十里赵家围。七十里团鱼洲。冬有店舍，可泊船。廿里至康郎山。湖面五十里至袁岸。三十里饶州府。廿里磨刀石。廿里程家渡。十里顾园渡。三十里大阳埠。十里狮子山。十里鞍山。廿里宗潭。廿里石牌滩。廿里官庄。十里景德镇。出瓷器。三十里浮梁县。三十里石鼓岭。三十里小儿滩。廿里池滩。十里小北港。廿里潭下。廿里倒湖。廿里白桃。廿里版石。廿里平里。廿里塔坊。十里后潭。十里昌下。十里祁门县。陆路。五十里榔木岭。十里渔亭。下水。廿里齐云岩。三十里休宁县。十里万安街。三十五里屯溪。六十里浦口。四十里深渡。五十里街口。巡司。八十里淳安县。六十里茶园。九十里严州府。五十里钓台。

子陵祠。三十里桐庐县。九十里富阳县。九十里江头。十里杭州府。

江西至饶州，湖中贼出不时，荒年尤多。饶州至祁门，自景德镇之上，是处可宿，无风、盗之念。祁门至严州，风、盗绝无，滩高船固，船户甚劳。严州纤夫亦苦，涉水不分冬夏，所得无分文赌沽之费，惟应户差薪米而已，客商每与以假银，岂空中无鬼神耶！富阳之下，有潮有盗，若闻潮大，当于富阳路去江头。钓台已西，艘船不择地方，至晚即止，有滩高水险之劳，无风、盗之忧。自饶州至于浙江，客不置薪，船户自给。潮候详本卷之三十七。

一八　祁门县至湖口县水路

祁门县。一百十里倒湖。一百三十里浮梁县。三十里景德镇。八十里狮子山。九十里饶州府。十里竹鸡林。廿里八字脑。十里洪家阅。廿里团砖。廿里棠阴。巡司。十里打石湾。十里周溪。五里钓台。十五里柴棚。十里饶河口。六十里都昌县。一百廿里南康府。六十里青山。六十里至湖口县。

饶州至江西，水少亦由饶河口，五十里至康郎山而去；大水由竹鸡林、蛇尾、表岸而出，湖中风、盗宜防。饶州牙行用筐子船出湖接客，好恶难分，必不可上。

一九　芜湖县由东坝至无锡县水路

本县四十里黄池。六十里高淳县[①]。三十里湖口。廿里东坝。二里下坝。三十里三堰湖。三十里小河口。廿里小湖。九里南渡桥。三十六里溧阳县。

---

①“县”，底本作“湖”，据《士商类要》卷一之二一、《路程图引》卷一之二一改。

五十里宜兴湖。三十里宜兴县。廿里计亭[①]。三十里浪打川。五十里洪桥。四十里至无锡县。

又一水

无锡县。九十里季林。八十里河桥。百廿里扬港。西由私盐港去溧阳七十里。又西一百廿里至东坝。

东坝船达各处，东至定埠[②]、无锡三百十五里，西至高淳、芜湖县一百五十二里，南至广德州一百四十里，又南至思安六十里，北至溧水县一百廿里，又至应天府一百廿里，东南至溧阳一百里，东北至金坛一百六十里，西南至宁国府一百廿里，西北至太平府一百六十里。初无此坝，宣、歙、广德、建平诸水，由苏、松、刘家河、吴淞江入于海。洪武初年，水淹吴下田禾，户部题请筑坝引水[③]，由太平、芜湖入于大江[④]，遂将高淳、黄池一带[⑤]，田没成湖[⑥]，粮税加派苏、松辨纳[⑦]。避大江去芜湖者，此路便迩无盗。

---

① “计”，底本作“臣”，《纪要》卷二五：计亭在宜兴县北二十里。“《舆程记》作臣亭，误也。今有计亭桥，自亭而北三十里，地名浪打川”。据改。

② “定”，底本作“邓”，按东坝以东无“邓埠”，而定埠为东去无锡必经之地，据《士商类要》卷一之二一改。

③ “户部题请”，底本脱此四字，据《士商类要》卷一之二一、《路程图引》卷一之二一补。

④ “太平”，底本作“南京”，据《士商类要》卷一之二一、《路程图引》卷一之二一改。

⑤ “遂将高淳黄池一带”，底本脱“遂将”、“一带”四字，并据《士商类要》卷一之二一、《路程图引》卷一之二一补。

⑥ “田没成湖”，底本脱“没”字，据《士商类要》卷一之二一、《路程图引》卷一之二一补。

⑦ “粮税加派苏松辨纳”，底本脱“税”、“辨纳”三字，“派”作“于”，并据《士商类要》卷一之二一、《路程图引》卷一之二一补正。

二〇　湖口县至武当山水、陆路

本县。六十里九江府。八十里龙坑。三十里武家穴[1]。三十里蟠塘。对江富池驿。三十里马口。十里杀人港。廿里蕲州。三十里渔阳口。三十里道士洑。廿里散花料。廿里回风矶。廿里兰溪驿。四十里巴河。三十里黄州府。四十里三江口。三十里团风。三十里矮柳铺。三十里双流夹。廿里抽分厂。十里阳逻。廿里沙口。北去黄陂县。西廿里马公洲。廿五里汉口。六十里蔡店。四十里云口。西去竹筒河[2]。北四十里至汉川县。九十里尖刀嘴。四十里狮子河。十里渔泛洪。三十里黑牛渡。三十里卢埠。四十里史港。三十里车罗院。三十五里新城。十里沙阳。十里小河口。八十五里石牌。四十五里承天府。陆路。廿里池河渡。三十里盛家店。四十里丰乐河。三十里龙王洲。渡。六十里宜城县。三十里毛家港。渡。廿里潼口。六十里襄阳府。对樊城。六十五里砖桥。六十里蔡店。三十里穀城县。渡。四十里石花街。七十里界山。五十里草店。三十里至太子坡。修真观。蓬莱门。仙关。遇真观。元和观。好汉坡。回龙观。关王庙。老君殿。八仙观。太子坡。三十七里至顶。九曲城。复真观。紫霄宫。南岩宫。一天门。二天门。三天门。南天门。玄帝殿。

镇江府水至湖口县，详本卷之二。瓜洲由汝宁府陆路至武当山，详卷六之七。

二一　吉安府至茶陵州水路

本府。神冈山。吉塘桥。高沙。三江口。北去安福。三江渡。石

---

①“武”，底本作“邬”，“穴”，底本作“阅”，据《纪要》卷七六、《明史·地理志》改。

②“竹”，底本漫漶，据《纪要》卷七六补。

山头。三排。永阳市。兰村。狼湖。水白。止阳渡。刘江。敖城。枕头石。周垣。平上。马吉。桥面上。方郛。容江。仰山。永新县。扬务。草市。黄杨树下。李田。南城。后田。路江。陆路六十里小关洲。小船。下水。七十里至茶陵州。

自吉安府至路江，每处十里。路江雇人夫，陆路六十里至小关洲。中途土豪口称“粮长”，每挑索银五分，不与即打，有司不知，过客甚受其害。

二二　江西城由袁州府至茶陵州水路

南昌府至渌口，详本卷之八。渌口。巡司。山门。朱亭。共七十五里。都石驿。七十五里衡山县。廿里雷家埠小河口。三十五里吾集。三十里大岳滩。三十里芒洲。三十里草市。三十里攸县。三十里桥下。三十里铁冈滩。六十里至茶陵州。

右二道皆山、河，秋冬水少，船不宜重，风、盗无虑。

二三　饶州府至婺源县水、陆路

本府。十里乔麦湾。五十里石头街。四十里岭前。三十里乐平县。三十里宝兴寺。三十里毛桥。三十里湾头。廿里黄沙。三十里庄坑。六十里婺源县。三十里古坑。三十里至汪口。船止于此。

右水、陆并通，惟山河湾曲，水远陆近耳，无风、盗之防。

二四　杭州府至补陀山水路

本府出草桥门，渡浙江，广十八里至西兴驿。十里萧山县。三十里白鹤铺。即衙前。十里钱清塔。四十里绍兴府。八十里东关驿。渡曹娥江。十里曹娥驿。今革。十里上虞县。廿里坝上。十八里中坝。四十五里余姚县。六十里西坝。四十里宁波府。入西门,出东门。七十里定海县。出浑水洋一百五十里,至舟山所[1]。八十里沈家门。莲花洋。石牛港。釟盂山。共七十里。补陀山。

西兴搭船,每人银二分,至东关驿;一分一挑,一里至梁湖渡;曹娥江三分一人,搭至宁波府,无风、盗之忧,客有车坝之劳,风雨不阻,昼夜而行。渡浙江,水不急,有巨潮之防。曹娥江狭,而水甚急。至补陀山,出浑水洋,顺风甚快,无风难期。山在海中,郁然丛林,近被倭寇烧毁,今略盖茅殿而已。惟春末夏初可去,秋冬不可往矣。本山为观音道场,景有潮音洞、一窍通天、善财洞。盘陀石可坐百人。三摩地有亭,奇石错立,真歇庵、无畏石、狮子岩,形若也;正趣峰、灵鹫峰、观音峰,皆为绝胜。

二五　扬州府跳船至杭州府水路

扬州关上。钱三文,搭小船至瓜洲。进北门,出南门。钱二文,渡大江。镇江。马一分五厘一挑,至镇江府西门。三里南门。日船至丹阳县。日船至常州府。东门日船至无锡县。南门日船至浒墅关。搭小船,至虎丘山塘。廿里苏州盘门。搭小船,至吴江县。走去松陵驿。日夜有船至嘉兴府。日夜有船至长安。日夜有船至杭州府。

戒坛,在西湖昭庆寺,每岁说戒,天下僧人至此听受。苏州以北,有日船而夜不行;苏州以南,昼夜船行不息。至湖州日、夜船,苏州、灭渡桥、平望并有。嘉兴至平湖日、夜船,在东栅口。嘉兴至松江船,

① "舟",底本作"周",据《纪要》卷九二、《明史·地理志》改。

昼去而夜不行,此路多盗。

二六　杭州跳船至镇江府水路

杭州回回坟。上夜航船,至长安坝。日船搭至嘉兴府。三文搭小船,至王江泾。日船至葑门,夜船至吴江。吴江。四十里苏州盘门。十里阊门。五里山塘。山塘桐桥东,有航船专搭空身人,直至镇江府。

二七　苏州府跳船至广德州水、陆路

本府灭渡桥。夜船至震泽[①]。日夜船搭至湖州府。走去西门。夜船至四安。陆路。五十里至广德州。

二八　苏州府由广德州至徽州府水、陆路

本府。水。五十里吴江县。四十里平望。西三十里双阳桥。十里震泽。有塔。十里南浔。出纱、丝。北廿里出太湖,又廿里至东、西二山。西十里东迁。廿里旧馆。三十里湖州府。十里杨家庄。十里严家坟。南去梅溪,北去长兴。西十里至思安塘。廿里隐龙桥。十里红心桥。十五里三汊河。北一里至方山潭,又二里至方山窑。西五里至林顺桥。三十六里四安。陆路廿五里界牌[②]。廿五里广德州。三十里汪家桥。三十里柏店。十五里前冲铺。十五里杨滩。廿里长洪。廿里河沥溪[③]。七里宁国县。廿里竹下铺。十里瓦窑铺。十里桥头铺。十里云门。十里甲路。十里周易铺。十里尘岭。十

---

① “震”,底本作“镇”,据《纪要》卷二四、《明史·地理志》改。
② “界牌”,底本作“牌上”,据《士商类要》卷一之一七、《路程图引》卷一之一七改。
③ “沥”,底本作“溧”,据《士商类要》卷一之一七、《路程图引》卷一之一七改。

里胡乐司[①]。十里沙岭。十里丛山关。三十里绩溪县。六十里徽州府。自思安至此，轿、车、马并有。

二九　湖州府四门夜船至各处水路

东门夜船：七十里至震泽，又夜船一百三十里至苏州灭渡桥；至南浔六十里；南去嘉兴府。至乌镇九十里；至琏市七十里[②]；至新市八十里；至双林五十里。

西门夜船：至浩溪、梅溪，并九十里；梅溪通竹牌，水陆并三十里至安吉州。至四安一百二十里；至长兴县六十里；至和平五十里[③]。

南门夜船：至瓶窑一百四十里；至武康县一百七十里；至山桥埠、德清县，并九十里。

北门夜船：九十里至夹浦，过太湖，广四十里，入港九十里，至宜兴县。

南门夜船：三十六里至龙湖，又三十六里至敢山，又二十里至雷店，又二十里至武林港，北五里至塘栖。南五十里至北新关，二十里至杭州府。

湖州至各处，俱是夜船，惟震泽、乌镇二处，亦有日船可搭。

三〇　北新关至缸窑、瓶窑水路

关外：惠安桥。十里版桥关。四十里缸窑、闲林埠头。无夜船。

---

①“胡乐”，底本作“河洛”，据《明会典》卷一三八、《纪要》卷二八改。

②“琏”，底本作“练”，据《纪要》卷九一、《明史·地理志》改。

③“和平”，底本作“湖平”，《纪要》卷九一：和平镇在长兴县南五十里。《明史·地理志》：长兴县有和平巡司。据改。

关内:三里观音桥。搭夜船,十五里女儿关。南廿五里闲林埠头。女儿关。西廿五里余杭县。女儿关北三十五里瓶窑。俱是夜船。

瓶窑至缸窑,水路必由女儿关;陆路由余杭县,五十四里至闲林,桑树密,小河多,不可行。惠安桥日船,四十里至长明桥,陆路十里至瓶窑,又十里至石濑,产冬笋。

三一　衡州府至东江市、郴州水路

本府。六十里前溪渡。六十里马口滩。巡司。六十里新城市。百里耒阳县。六十里上堡街。六十里永兴县。六十里陈江口。六十里郴江口。六十里东江市。产靛。陆路,六十里至郴州。

郴州陆路五十里至良田,又五十里至宜章县,雇小船,仅装十石。至管浦又换桑船,装二十石。至乐昌县二百里,至韶州府入浈江,去两广。

三二　衡州府至阳隔洲水路

本府。六十里黄家渡。五十里河口。九十里衡头。十五里阳隔洲。属常宁县。西六十里常宁县,东六十里耒阳县。

三三　湖口县入鄱阳湖至各处水路

南至瑞虹三百八十里

本县。六十里青山。六十里南康府。一百廿里都昌县。六十里饶河口。八十里至瑞虹。

东南至饶州府三百七十里

都昌县。六十里饶河口。十里柴棚。四十里棠阴。廿里团砖。三十里八字脑。廿里竹鸡林。十里饶州府。

西南至江西城三百七十里

本县。六十里青山。六十里南康府。十里左蠡。五十里渚矶。六十里吴城。六十里昌邑。六十里凤凰洲。十里江西城。

西至九江府六十里

北渡大江,广二十里至太阳庙,又六十里至黄梅县。

三四　湖口县由杉关至延平、邵武二府水、陆路

本县。百廿里南康符。百廿里都昌县。六十里饶河口。五十里康郎山。六十里八字脑。三十里柘林。四十里谢家埠。六十里清远驿[①]。六十里抚州府。六十里石门驿。六十里建昌府。陆路,六十里硝石。六十里五福。三十里杉关。三十里纸马街。六十里光泽县。百廿里邵武府。八十里拿口驿[②]。六十里富屯驿。六十里顺昌县双峰驿。三十里上洋铺[③]。三十里王台驿。六十里延平府。本府至福州府,详本卷之十五。

三五　杭州府至上海县水路

本府江头。十五里回回坟。上夜船。九十里长安坝。廿里崇德县。廿里石门。廿里皂林。廿里斗门。廿里嘉兴府。十里东栅口。南六十里至平湖县。东三十里嘉善县。六里张泾汇。十三里风泾。十八里泖桥。九里

①“远”,底本作“源”,据《寰宇志》卷三五、《纪要》卷八六改。
②“拿”,底本作“金”,据《寰宇志》卷四七、《明会典》卷一四五改。
③“洋铺”,底本作“扬府”,据《纪要》卷九七、《士商类要》卷一之四三改。

朱泾。十三里斜塘桥。十四里松江府。三十里泗泾。三十里七宝。四十里至上海县。至海廿里。

三六　松江府至青村所水路

本府出东门,五里明僧桥。三十六里闵行。十二里石港口。三十六里新场。廿四里至青村所。闵行东至周浦四十里。

三七　休宁县至杭州府水路

休宁县。十里万安街。廿里梅林。十五里屯溪。上船。浙源至此会黟水,今名南港,即浙江之源。吊桶滩。牛坑。溪东。溪南。草市。黄墩。烟村。岑山渡。共六十里。浦口。五里梅口。至□,陆路十里。上昧滩。下昧滩。箬潭。薛坑口。绵潭。共三十里。深渡。路。至府五十里。长滩。大沟。小沟。三栈坪。横石滩。俗呼天进。牵甽滩。汝滩。俗呼米滩。共五十里。街口。巡司。竹节矶。上锡滩。下锡滩。上、下慈滩。响山潭。共八十里。淳安县。遂安县河口。共六十里。茶园。小溪岩。试金滩。上杨溪。下杨溪。共九十里。严州府。南往兰溪县、衢州府。乌石滩。七里濑[①]。共五十里。钓鱼台。子陵祠。六滚滩。三十里桐庐县。柴埠。可泊。程坟。共九十里。富阳县。浮山案。可以避潮。六和塔。共九十里,至钱塘江。钱镠王所筑塘岸,因名。

浙江潮

近海皆有潮,惟浙江有巨涛,各处但长水而已。潮生则一,但其至有远近,镇江至大海五百里,十八日辰时潮至;浙江至大海三百里,

---

①“濑”,底本作“笼”,据《纪要》卷九〇、《清统志》卷三〇二改。

十八日丑时潮至，以远近不同耳。浙江至黄公洋三百里，黄公洋广三百里，如人手开摺扇之象，始至大海，纳以巨泽，潮头因而有也。唐卢肇《浙潮赋》云："独兹水也，夹群山而远入，以巨泽灌其喉。"此一览而可知，又何索于详究。《浙江总志》云："浙者，折也，潮以曲折而大也。"甚非。不知源出自婺源之浙岭，其山高峻，岭陡难行，缘山取道，凡十八曲折而上，因名焉。又云："潮头因海门二山阻其怒而有也①。"此亦非也。阻当缓，折亦当缓，卢之论不诬。潮之小大而随于月，月高潮小，月低潮大。

潮候具于下：

初一、二，十五、十六、十七，二十九、三十日，子午至。

初三、四，十八、十九，丑未至。

初五、六，二十，二十一，寅申至。

初七、八，二十二，二十三，卯酉至。

初九、十，二十四，二十五，辰戌至。

十一、十二，十三、十四，二十六、二十七、二十八，已亥至。

或此时之初至，或此时之末至，登舟登岸者，先避一时为佳。若是风大，必然潮高，切宜谨慎。

三八　浙江至天台山、雁荡山水、陆路

杭州府出草桥门，渡江。十八里西兴槐树下雇船。九十里绍兴府。八十里蒿坝。讨江船。七十里三界公馆。三十里仙岩公馆。四十里嵊县。

① "二"，底本作"三"，《纪要》卷八九：钱塘江东北流，入海宁县界，南岸则为绍兴府萧山县界，"夹岸有山，南曰龛，北曰赭，二山相对，谓之海门"。又引《舆程记》："因海门二山阻其怒而大。"盖"三"当为二之误，据改。

三十里新昌县。陆路,四十里会寺岭。廿里关岭。四十里天台县。九十里台州府赤城驿。下船。百里黄岩县。六十里岭店驿。六十里窑奥驿。六十里乐清县。四十里馆头驿。四十里至温州府。西门。水一百里青田县。百三十里处州府。

雁荡山,今乐清县东九十里。山高四十里,巅有湖,惟雁宿焉,人莫能至,因名。雁荡峰峦峭拔,千态万状,泉有大、小龙湫,自巅而倾,随风变态,虽旱不息,天下峰峦未有奇于此者,天台尤奇。石梁桥,新昌县去七十里。

三九　赣州府至福建汀、潮二府水、陆路

赣州府。水六十里岑口冈。六十里雩都县。百廿里会昌县。八十里瑞金县。十担小船。四十里至古城。陆路,五十里至汀州府。下水,九十里三洲驿。九十里蓝屋驿①。七十里上杭县。四十里大孤市。七十里峰头。过山。廿里石上。属潮州。六十里大埔县。四十里三河驿。百里产溪驿。七十里至潮州府。本府至福建漳州府,见本卷之十三。

陆路自赣州六十里岑口冈,又六十里沉香村,宿。又六十里瑞金县,四十里古城,五十里汀州,下船。赣州两浮桥,东去汀州,西去两广,虔镇都御史驻扎,惠、潮、汀、赣、南安、韶州六府隶焉。

---

①“屋”,底本作“木”,据《明会典》卷一四五、《纪要》卷九八改。

卷八　江南陆路

一　丹阳县至南京路

丹阳县。五十里白土。四十里句容县。四十五里高庙。四十五里高桥门。十里会同馆。四十里至牛首山。

丹阳至南京，路平，轿、马并备，惟淫雨泥烂，沟多难行。白土不可宿，有贼。句容出南门，二十里至淤乡，又三十里至茅山。南京出南门，四十里至牛首山，以其形若牛首，因名。天下每有塔影，皆射水中无定处，惟牛首塔影，常见不息。佛宇面南，塔东也，伽蓝小室面东，门有一窍，仅容指，日出东南，照塔影在地。门闭，又一影射窍中，白桌围倒悬尺许。旁有树枝，风动影摇相应，然不可测。寺多锦幡、古炉瓶，皆高玩也。

二　杭州府至休宁县齐云山路

本府。十五里观音桥[①]。上小船。四十五里余杭县。陆路。丁桥铺。青山铺。五柳铺。西市。临安县之西。至东天目山四十里，又十里至西天目山。

---

①“观音桥”，《路程图引》卷一之九、《示我周行》卷二之二〇作“卖鱼桥”。

凌村。即斜阳铺。化龙铺。横塘铺。藻溪铺。戴石铺。镇角头[1]。于潜县至西天目山三十五里。方员铺。太阳铺。芦岭铺。昌化县。白日桥。手窐司[2]。朱柳铺[3]。义纲铺。车盘岭。小。冷水铺。新桥铺。老竹岭。高二里。王干。巡司。中岭铺。杞梓里。苏村。始有驴、骡。蛇坑。山后铺。七贤铺。大佛铺。章祁铺。稠木岭。徽州府。至黄山一百里。冷水铺。岩寺镇。茆田铺。长充铺。张山铺。休宁县。排山头。绿溪铺。尚田铺。齐云岩脚[4]。上山十里至祖师殿[5]。

自余杭县至山顶,每处十里。杭州轿,在观音桥雇。歙县轿,在余杭雇,旧时有中途脱逃之说。冬间,夜有盗。齐云山,高十里,形若辇。最奇者,香炉峰、一天门。珠帘泉自巅而倾,不息。

三 仪真县由宁国府至徽州府水、陆路

仪真县。渡大江。十五里河口。七十里句容县。五十里望湖冈。四十里溧水县。十五里红南埠。搭船。九十里唐沟。八十里水阳。九十里宁国府。九十里宁国县。廿里竹下铺。十里瓦窑。十里桥头铺。十里云门。十里甲路。十里周易铺。十里尘岭。十里胡乐司[6]。十里沙岭。三十里丛山关。三十里绩溪县。六十里至徽州府。

① “头”,底本作“铺”,据《士商类要》卷一之九、《路程图引》卷一之九改。

② “手窐”,底本作“守窆”,《纪要》卷九〇:昌化县有手窐岭。《明史·地理志》:昌化县西有手窐岭巡检司。据改。

③ “朱”,底本作“大”,据《士商类要》卷一之九、《路程图引》卷一之九改。

④ “齐云岩”,底本脱“齐云”二字,据《士商类要》卷一之九、《示我周行》卷二之四〇补。

⑤ “祖师殿”,底本脱“祖师”二字,据《士商类要》卷一之九、《示我周行》卷二之四〇补。

⑥ “胡乐”,底本作“河洛”,据《明会典》卷一三八、《纪要》卷二八改。

四　徽州府至崇安县路

本府。六十里潜阜渡。五十里五城。三十里黄茆。廿里三保桥。廿里大阪。廿里大容田。三十里下坞。廿里方村。三十里孝塘。廿里升口。廿里塌埠。廿里夜溪岭。廿里毬里。出绵纸。廿里至三版桥[①]。三十里玉山县。五十里沙溪。三十里龙溪。廿里广信府。八十里铅山县。四十里紫溪[②]。廿里车盘驿。十里乌石。十里分水关。江西、福建界。三十里大安。四十里至崇安县。

至玉山县，或搭夜船，下水一百六十里至旁罗，又三十里至铅山县亦可。沙溪有盗，宜慎。徽州府至崇安，岭多路小，每轿一乘，驾行李五、六十斤，轿夫甚苦，两人代一人劳，仁厚客商，险处恕饶一肩。

五　徽州府至湖广城路

本府。六十里休宁县。五十里渔亭。十里榔木岭。十里横路头。十五里九里冲。五里山窝岭。十里柏树街。十里黑桥。五里山岳岭。十里枫树街。十里排岭。十里大风岭。三十里岭脚。十里黄岭。十里芦栗桥。十里猪头石。十里田角乐。十里沙埲。十里钓鱼台。十里横埲渡。五里香口。路去殷家汇。十里柏山渡。十里七里。十里沙坡。十里鸡儿滩。渡。十里塔坑。十里十字街。十里东坑口。十里上京段。十里鸡公涧。十里胡田铺。十里石嘴头。十里黄溢[③]。东三十里殷家汇，又六十里池州府。北渡大江，三十里至安庆府。八十里石牌。五十里仓下。三十里太湖县。产药材。十里唐梨铺。

① “三版桥”，《士商类要》卷一之七、《路程图引》卷一之七作“桥村”。

② “紫”，底本作“子”，据《士商类要》卷一之七、《纪要》卷八五改。

③ “溢”，底本作“盆”，据《纪要》卷二七、《清统志》卷一一八改。

十里枫香驿。十里仙田铺。十里丰家店。十里凤凰铺。十里密烟铺。十里菜子铺。十里亭前驿。十里山储铺。十里五祖山脚。十里桃花铺。十里石山铺。十里版桥铺。十里双城驿。十里石笼铺。廿里矛况铺。十里金竹铺。十里青蒿铺。廿里广济县。廿里高山铺。十里山铺。十里三家店。十里西河驿。十里山阴铺。廿里女儿铺。十里六庙铺。十里李殿铺。十里分流铺。十里石牛铺。十里蕲水县。十里朱店。廿里竹瓦店。十里巴水驿。六十里黄州府。六十里李坪驿。六十里阳逻驿①。六十里至湖广城。

六　黟县至南京路

黟县。十里北庄口。五里北庄岭。五里谢村。五里芦村。缘山行，五里官铺。上羊栈岭。十五里榧树下。下羊栈岭。十五里游烛坑。十里密岩前。五里石壁下。上岭，十五里桃坑口。十五里焦口铺。十里上船渡。十里芝麻园。十里玲珑岭。十里柳家梁。渡。五里岳溪。五里麻姑桥。十里崇阁寺。十里陵阳镇。西往池州青阳县。东二里方冲铺。十里分流铺。十里胡村铺。十里阴桥铺。十里谷坑口。十五里倪店铺。十里查河铺。十里麒麟铺。十里界山铺。十里郎坑铺。十里成山铺。十里顺安镇。三十里旧县。三十里芦席夹。十里三山。三十里橹港。十里芜湖县。六十里太平府。廿里采石。六十里江宁镇②。六十里至南京南门。

南门报恩寺，古长干寺也，琉璃塔穷极金采，高二百五十五尺，永乐年造。嘉靖末年，寺焚塔存。

---

①“逻”，底本作“罗”，据《寰宇志》卷五一、《纪要》卷七六改。

②“宁”，底本作“陵”，据《纪要》卷二〇、《明史·地理志》改。

七　吉安府至茶陵州路

本府。十五里高沙。十五里错大渡。十五里茅黄。十五里和塘。廿里赤土。廿里敖城。出河。十里枕头石。十里周垣。十里平上。十里桥面上。十里茅平。十里容江。十五里三字街。十五里箭石。出河。十里李田。十里后田。十里路江。十里蒙竹。十里藤树下。十里山田拗。十里古城。十里周卑。十里背江。十里腰卑。十里雷公拗。十里茶陵州。

八　休宁县由几村至扬州水、陆路

本县。三十里石桥头。十里阳关寺。五里呈坎。五里沙塣。十里青山头。十里镜岭。小。十五里茅舍。上箬岭。十里大庙头。十里道人庵。十里下箬岭山脚。十里土河坑。五里白地。十五里上金庙。十五里东谷桥。七里几家山。八里山溪。新岭路至此合。十里窄溪。十里茹麻。巡司。十里白花。十五里山坦。十五里石山下。十里潘村。廿里几村。下船，廿里至马头。五十里青油港。十里牌湾。三十里杨官渡。四十里石人渡。廿里杨青口。廿里芜湖县。出大江，九十里采石。六十里大胜关。六十里龙江驿。十五里观音山。三十里瓜埠。六十里青山。三十里仪真县。过坝。平水。七十里至扬州府。

自呈坎至几村，不可起早，日调包，夜偷摸，打闷棍常有者。冬有强盗，谨慎。

九　杭州府由东阳县至处州府路

杭州府。廿里江口。十里六和塔。上夜船，渡浙江。一百廿里长闸。陆路。十里直埠。十里申亭。十里燕头。十里平阔。廿里排头。十里宣何。二姓。

十里义门。廿里苏溪。西三十里至义乌县。廿里至念山街。廿里东阳县。廿五里关青下时。廿里葛府。廿里溪田朱。廿里方岩下。廿里余丘头。十里麻车店。十里管头。出大路,四十里缙云县。四十五里却金馆。即冯公岭。四十五里处州府。

杭州府至处州府,其路有二:驰驿水路,由金华府而去,计程七百八十里,详卷四之八。欲速行者,此路直近,无风、盗之忧,惟久雨,泥烂难行,计程五百十五里。

一〇　徽州府至婺源县路

本府。廿五里黄墩。廿五里屯溪。十里高堰。十里隔山铺。十里溪口。十里五城。十里山斗。十里新岭脚。十里黄茅。廿里中平。四十里汪口。三十里古坑。三十里至婺源城。

一一　衢州府由浦城县至建宁府水、陆路

上杭埠。水。九十里江山县。十五里清湖。路。十五里石门街。十五里江郎山。十里峡口。渡。十里观音阁。十五里保安桥[①]。十里仙霞岭。巡司。十里杨姑岭。十里龙溪口。十里下溪口。十里南楼。闽、浙界。十五里大竿岭[②]。十里五显庙。五里梨园岭。十里鱼梁街。十里

① “保安”,底本作“安保”,据《士商类要》卷一之一一、《天下路程图引》卷一之二乙正。

② “竿”,底本作“风”,按大风山在福建建宁府政和县东南,与地望不合。《纪要》卷九七:浦城县北有枫岭,为浙、闽分界处。又云:枫岭俗谓之大竿岭。《清统志》卷四三一同。“风”当为“竿”之误,据改。

仙阳街[1]。三十里浦城县。下船。八十里水吉。巡司。七十里叶坊驿[2]。五十里至建宁府。

一二　弋阳县至休宁县路

弋阳县。四十里焦家墩。谢园。勅封镇。佛母铺。万村。杨村。上宋。牌岭。界田渡。引姜铺。长塘。张克铺。铜川。铜埠。河田。海口。银港。江湖。梅林。尤溪。婺源县。张木。霍溪。古剑。古坑。望口。胡山。中平。芙蓉岭。来坦。官亭。塔溪。黄茅。新岭。山斗。五城。黄柏铺。下阜渡。杨村外里。廿里朱村铺。马鞍山。缴桥。缴今作伞。休宁县。

自焦家墩至休宁县,每处十里。

一三　芜湖县至徽州府路

本县。朱塘铺。高冈铺。石跪铺。渡。余家铺。陶充铺。阳斜铺。平沟铺。箭塘铺。南陵县。神庵塘。分界山。湖冲铺。仙石铺。下坊渡。泾县。出绵纸。山口铺。石山铺。考坑。破脚岭。小。太平铺。强风铺。窄南铺。山溪铺。箬岭路至此合。藁口铺。柳山铺。旌德县。南坞里。界首。豪寨。镇头。新岭顶。九里坑。孔林铺。雄路。龙溪。新馆。牌头。吴山铺。徽州府。新安卫附郭。

自芜湖县至徽州府,每处十里。早有闷棍,日有调包,夜有盗,宜慎。轿马并有。

---

① "仙",底本作"迁",《纪要》卷九七引《志》云:县北三十里至仙阳街。宋初置迁阳镇,俗曰仙阳。据改。

② "驿",底本作"铺",据《明会典》卷一四五、《纪要》卷九七改。

一四　江西由瑞州府至浏阳县路属长沙府。

江西城。渡。五十里连城铺。十里乌沙铺。十里招山铺。十里大杏铺。十里古楼铺。十里瓦窑铺。十里赤桥铺。十里瑞州府。陆路。八十里至临江府。三十里至灰埠。廿里石头街。廿里界埠。三十里上高县。四十里麻塘桥。六十里路口。廿里斗门。廿里万载县。四十五里至朱婆岭，又四十五里至袁州府。四十里至蓝田。三十里朱树潭。廿里慈化寺。四十里小卜脑。四十里祈神界桥。有贼。路口。三十里至浏阳县。

一五　岳州府由澧州至九溪卫路

本府。过湖。十里大江铺。十里三家店。十里茅司铺。十里马家林。十里陈家林。十里高港铺。十里两山铺。十里楚阴铺。十里青山铺。十里版桥铺。十里射石嘴。十里渡白河。华容县临江驿①。十里中立铺。十五里蔡天铺。十五里黄杨铺。十里新店。十里项港铺。四十里安乡县。廿里澧州。四十里合山铺。三十里新安市镇。廿里土地铺。三十里石门县②。九十里慈利县。一百八十里永定卫。九十里至九溪卫。

一六　南京由江南至安庆府路

出南门，六十里江宁镇。六十里采石。廿里太平府。六十里芜湖县。四十里石跪。三十里井泉铺。三十里南陵县。六十里司边铺。六十里绛壁桥。

---

① “临”，底本作“大”，《明会典》卷一四五：岳州府巴陵县有临江马驿。《纪要》卷七七：岳州府西九十里有临江马驿。据改。

② “石门县”，底本脱“石”字，《纪要》卷七七：澧水东经石门县会溇水。《明史·地理志》：湖广岳州府有石门县。据补。

廿里青阳县。八十里池州府。六十里殷家汇。三十里黄湓。渡江。三十里安庆府。

或遇水大，自芜湖七十里至繁昌县，又三十里荻港，又一百十里至青阳亦可。

一七　桂林府至横州路

本府东江驿。六十里苏桥驿。过竹枫渡。四十里三里驿。三十五里兰麻驿。三十五里横塘驿。五十里洛容县洛容驿。三十五里东泉驿。六十五里柳城县东江驿。由白沙湾过大江。四十里至大曹驿[①]。四十五里宜山县宜阳驿。渡怀远江。四十里至河池千户所德胜驿。六十里至河池州。六十里渡东江、金城江，本处分各州之路。

至南丹州

本处。八十里谢村站。六十里至南丹州。

至那地州

本处。六十里君尚。六十里中坑锡场。六十里至那地州。

至东兰州、思恩府[②]、宾州、横州

本处。六十里水龙坑。山路，沿村过岭，三日至东兰州。渡清水江，由狗遁关，约六日至思恩府。约一日至宾州。二日至横州。南一百廿里至广东灵山县，又一百廿里至钦州天涯驿。

①“曹”，底本作“横”，据《明会典》卷一四六、《纪要》卷一〇九改。

②“恩”，底本作“明”，按由广西广远府至南宁府横州，思恩府为必经之路；思明府在横州西南，与路线不符，“思明府”当为“思恩府”之误，据改。下同。

一八　桂林府至南宁府路

桂林府。六十里苏桥驿。四十里三里驿。三十五里兰麻驿。三十五里横塘驿。五十里洛容驿。洛容县。三十五里东泉驿。柳城县。七十里柳州府雷塘驿。三十五里穿山驿。属马平县。三十五里来宾县在城驿。清水驿。宾州在城驿。八十五里上林县思龙驿。长山驿。属宣化县。施洴驿。南宁府宣化县。

一九　梧州府至遂溪县路属雷州府。

本府。水一百廿里至藤县。西南陆路至金鸡驿。双竞驿。容县自良驿。绣江驿。北流县宝圭驿。四十五里郁林州西瓯驿。西南去博白县、廉州府。东南陆路八十里至陆川县。七十里永宁驿。由回龙、流埇、麻陂、墟洞、尾流、茶六河等河，七十里至广东。石城县三合驿。由车头朗、龙化江、平山墟等河，共七十里至石城县新和驿。由三合堡河、江头渡，共七十里至遂溪县桐油驿。本县至雷、琼二府、儋、崖、万州，详卷三之廿六。

二〇　浔州府至郁林州路

本府。一百四十里至贵县怀泽驿。东南九十里至高桥驿。兴业县。八十里富阳驿。兴业县。八十里郁林州西瓯驿。

二一　南宁府至石康县路属廉州府。

本府。廿里渡八尺江。廿里那楼。巡司。四十里羊角山口。渡江。四十里江边村。路陡峻。宋(渡)大江，水深。共四十里卢塘村。渡灵山河。深。

四十里孙亮。过小溪。四十里五利村。五十里人安墟。五十里白石驿。属石康县。

二二　江西城由宁州至平江县水、陆路

南昌府。水。六十里樵舍。六十里老藋嘴。六十里建昌县。六十里白茶。六十里三洪滩。六十里武宁县。六十里里溪。六十里彭沽。四十里至宁州。水、陆并七十里马拗。陆路。十里毕村。巡司。十里毛家店。六十里龙门。宿。五十里长寿。巡司。下船。七十里至平江县。属岳州府。

二三　饶州府由景德镇至休宁县水、陆路

饶州府。水九十里至狮子山。八十里至景德镇。十八间桥宿。起陆路，十里黄泥头。十五里至湘湖街。十里落田。十五里东流庙。五里鲤鱼桥。十里苦喘。婺源界。十里上排前。五里陈坑。十里巴塘冈。五里至冲田。五里茅山。十里夹路。十里严田。十里船曹岭。五里长林。十里青化街。三里上河头。十里花园。十里它口。十里山坑。十里插关。十里浙岭脚。八里岭顶。七里下岭脚。浙源发于此。五里庄前。十里管头。十里泥园。十里荷花桥。十里莫家坑。十里荷村。渡。溪口。五里石田。五里黄泥塘。十里三望源。十里渭桥。十里南渡。十里至休宁县。

二四　江西城至宝庆府水、陆路[1]

① “二四江西城至宝庆府水陆”，《路程便览》卷八作“终”字。“路”，原文无，据上下文补。